INHALTSVERZEICHNIS

EINFÜHRUNG IN DAS HEFT

Zunächst sei dem Multiplikatorenkreis München Dank gesagt, der sich über den Zeitraum eines Jahres mit den Aussagen und Grundhaltungen der Moseerzählung beschäftigt und die folgenden Gestaltungsvorschläge für Kindergarten, Schule und Gemeinde erarbeitet hat. Ferner danken wir Pfarrer Josef Brandner für seine begeisternde Einführung in das Buch Exodus.
Mose ist eine Urgestalt des jüdischen und des christlichen Glaubens. Seine Geschichte wird durch Jahrtausende erzählt, damit Menschen aller Altersstufen und Epochen die Botschaft vom menschenfreundlichen Gott aufgeht.
Zunächst entdeckt man im didaktischen Umgang mit der Auszugsgeschichte Israels die historische Seite mit den politischen Verhältnissen im orientalischen Raum, mit Nomadenleben, Weidewechsel und Sesshaftwerdung, mit den Gegensätzen von Wüste und Kulturland, mit den kulturellen und religiösen Unterschieden. Im schulischen Bereich müssen diese Gegebenheiten erklärt, erschlossen, erarbeitet werden. Kindergartenkinder können sich über Sach- und Bilderbücher mit „Land und Leuten" alttestamentlicher Zeit bekannt machen.
Dann fällt der Blick auf die heilsgeschichtliche Bedeutung der Exoduserzählung. Sie beinhaltet die Berufung der Israeliten zum auserwählten Volk Jahwes, des Bundesgottes. Sie erzählt von Gott, der befreit, der eine Liebesbeziehung beginnt mit den Menschen, der einen Bund schließt auf ewig. Die kleine Gruppe der Hebräer wird in einen Entwicklungsprozess hineingenommen, in dem sie Jahwe als ihren Gruppengott erleben. Er ist ihre Mitte. Er geht mit ihnen durch dick und dünn. Eine derartige Erfahrung hat Konsequenzen. Die Hebräer, auf ihrem Nomadenweg nach Ägypten gekommen, können den Pharao nicht als Gott anerkennen. Auch diese Hintergründe werden für Schüler thematisiert. Die Gestaltungen im vorliegenden Heft setzen dieses Wissen bei den Erziehenden und Lehrenden voraus. Sie legen aber nicht ihren Schwerpunkt darauf.
Der Blick sinnorientierter Pädagogik schaut noch etwas differenzierter. Er richtet sich vor allem auf die Kinder, ihre individuelle Lebensgeschichte und ihre persönliche Geschichte mit Gott und den Menschen. Sie richtet den Blick auf die anthropologische und spirituelle Seite der Erzählung und auf das Gottesbild, das aus ihr herausleuchtet. Es ist ein Bild von Gott, das zutiefst vertrauen lässt. Es ist eine Vorstellung von Gott, die Kindern einen Weg ins Leben eröffnet – einen Weg, der Ängste, Zweifel, Freude und Not nicht negiert, sondern integriert. Dieses Bild von Gott basiert auf dem Glauben vieler Menschen, die bezeugen: Gott ist da, es ist sein Wesen, immer beim Menschen zu sein. Erich Zenger, Professor für Altes Testament, beschreibt dieses Wesen Gottes als „Zuverlässigkeit, Unverfügbarkeit, Ausschließlichkeit und Unbegrenztheit".
Diese Ahnung vom Dasein Gottes im Leben der Kinder zu wecken und sie darin ihre eigene Stärke erkennen zu lassen, ist unser Wunsch für dieses Heft.

Margot Eder
Im Namen der Herausgeber

MOSE – EIN FÜHRENDER GLAUBENDER

Pfarrer Josef Brandner

Geschichten entfalten Wirkkraft

Lehrsätze versuchen Wahrheiten zu erfassen und zu behandeln. Geschichten um Personen vermögen zu bewegen. Sie berühren und ergreifen Hörer und Erzähler; ebenso bringen sie Menschen auf den Weg, eröffnen Zukunft, ermutigen und heilen.

So erzählt eine chassidische Geschichte:
Man bat einen Rabbi, dessen Großvater ein Schüler des Baalschem gewesen war, eine Geschichte zu erzählen. „Eine Geschichte", sagte er, „soll man so erzählen, dass sie selber Hilfe sei." Und er erzählte: „Mein Großvater war lahm. Einmal bat man ihn, eine Geschichte von seinem Lehrer zu erzählen. Da erzählte er, wie der heilige Baalschem beim Beten zu hüpfen und zu tanzen pflegte. Mein Großvater stand und erzählte, und die Erzählung riss ihn so hin, dass er hüpfend und tanzend zeigen musste, wie der Meister es gemacht hatte. Von der Stunde an war er geheilt. So soll man Geschichten erzählen."
Geschichten sind wirksam. Wer sie erzählt und hört, erfährt ihre Wirkkraft.

Lebensgeschichten sind ansteckend. Wenn es so ist, dann wundert es nicht, dass das Gottesvolk seine Geschichte mit Gott in unzähligen Geschichten erzählt. Nicht Glaube wird beschrieben; Hoffnung und Liebe werden weniger definiert, sondern Gestalten des Glaubens, Zeugen der Hoffnung und Liebe werden erzählt. Schau auf Menschen, denen Gott auf den Leib rückte und die sich darauf einließen – und du siehst, wie Glaube, Liebe und Hoffnung „geht".

Wovon in der Einleitung die Rede war, das soll konkret werden in der Gestalt des Mose.

Allgemeines

Der Personenname „Mose" kommt in der hebräischen Bibel 770 mal vor. Damit ist Mose nach David (1023 mal) die am meisten genannte menschliche Person. Im Neuen Testament findet sich der Name „Mose" etwa 80 mal. So ist er die am meisten zitierte alttestamentliche Gestalt.

Kein Zweifel: Mose ist von überragender Bedeutung im Gottesvolk – nicht nur damals, auch heute. Freilich lässt sich eine Biographie von der Geburt bis zum Tod nicht erstellen. Mose ist eine Person, an der Erfahrungen der Gottberufenen in Geschichten festgemacht werden. Er bezeugt, was passiert, wenn Gott in das Leben von Frauen und Männern einbricht und sie sich darauf einlassen.

Auf dem Nil: lebensunwert und doch angesehen und gerettet

Sie sollen sterben, die Israeliten, die Hebräer. Der sich mächtig gebärdende Pharao befiehlt, die Knäblein der Sklaven zu töten. Doch eine Mutter gehorcht dem Leben mehr als der „Todesangst" des Pharao; sie legt das Neugeborene in ein Binsenkörbchen und setzt es auf dem Nil aus. Wie eine Arche in der Noachgeschichte?

Die Schwester des Mose lässt das Kind nicht aus den Augen. Die Pharaonentochter sieht es, und beide sehen sich vor, dass es am Leben bleibt. Nicht im Wasser ertrunken, sondern aus dem Wasser gezogen! Dem Kleinen haben sie mehr Respekt geschenkt als dem Befehl des „Großen". So wurde der Unscheinbare gerettet, von der Pharaonentochter adoptiert und damit ein Enkel des Pharao.

Hat Gott auf diese Weise seine Hand im Spiel? Mit Namen wird er nicht genannt. Doch wer aufmerksam liest, erkennt: Heil folgt der Spur seiner Schritte (Ps 85, 14). Noach, in der Arche aus der Flut gerettet, wird als Verbündeter Gottes zum Vater einer neuen Menschheit. Wird Mose (= übersetzt: der Herausgezogene) auch Stammvater eines neuen Volkes?
Es kommt darauf an, mit Geschichten das Hoffen zu lernen!

Am Dornbusch: gepackt – angesprochen – gesandt

Weil er das Unrecht sah, sich für Recht und Gerechtigkeit auf eigene Faust einsetzte, musste Mose fliehen. Wieder war ihm die Todesmacht auf den Fersen.
Doch da stellt ER ihn. Aus dem Dornbusch leuchtet Gottes brennende Leidenschaft für Mensch und Welt auf: „Ich habe das Elend meines Volkes in Ägypten gesehen und ihre Klage über ihre Antreiber habe ich gehört. Ich kenne ihr Leid. Ich bin herabgestiegen, um sie der Hand der Ägypter zu entreißen und aus jenem Land hinaufzuführen in ein schönes, weites Land, in ein Land, in dem Milch und Honig fließen" (Ex 3, 7 ff).

Gottes Herz schlägt für die Unterdrückten, für die Fremdlinge, die Ausgebeuteten. Jetzt weiß Mose Bescheid. Aber nicht genug: „Jetzt gehe! Ich sende dich zum Pharao. Führe mein Volk, die Israeliten, aus Ägypten heraus!" (Ex 3, 10).
Mose wird eingeweiht in Gottes Leidenschaft, damit er zum Handlanger dieses über die Maßen menschenfreundlichen Gottes werde. Ganz nah bei Gott und ganz nah bei den Menschen!

Mose ringt mit Gott, fragend und einwendend. Gott ringt mit Mose. ER mutet sich Mose und dem unterdrückten Volk zu: „Sag zu ihnen, der ICH – BIN – DA hat mich zu euch gesandt" (Ex 3, 14).

Erwählt vom Herrn (=JAHWE) zu sein, ist nicht bevorzugt und in eine Sonderstellung emporgehoben zu sein, sondern ergriffen sein und geschickt in die Welt zu den Menschen, ist Teilhabe an dem rettenden Niederstieg Gottes in diese Welt.

In der Wüste: als Knecht Jahwes führen und leiten – angefochten vertrauen

Beim Auszug aus Ägypten und bei der Rettung durch das Schilfmeer macht Mose das leidenschaftliche Interesse Gottes sichtbar. Der aus dem Wasser Gezogene ermutigt die Ausziehenden und redet in Todesgefahr von ihrer Rettung durch ihren „Gott-Arzt" (Ex 15, 26).

Mitten in der Schlacht macht Mose die Arme frei, streckt sie empor und hängt sich mit dem Volk an den Rettergott. So sieht Glaube aus: sich in IHM festmachen! Gerade dann sich im Himmel einwurzeln, wenn das Heimweh nach der Vergangenheit das Volk packt: zurück zu den Fleischtöpfen Ägyptens ...

Die Schar der Befreiten leiten und führen hat die Gestalt der immerwährenden Fürbitte bei Jahwe und die Parteinahme für Leben und Zukunft in der Wüste. Brot vom Himmel und Wasser aus dem Felsen – Gottes Gaben an das murrende Volk. Mose lebt Solidarität mit dem Volk und tritt für es ein bei Gott.

Seine Nähe bei Gott und beim Volk erspart ihm nicht Versuchung und Verzagtheit. Mose „schwächelt" (Num 20, 10) im Kleinglauben gegenüber Gott. Doch dieser bleibt stark und macht wahr: „Ich bin bei euch und ich bin und bleibe mit dir." (vgl. Ex 3, 14) Schon hier zeigt sich: Gottes Kraft kommt in der Schwachheit seines Knechtes zum Vorschein (vgl. 2 Kor 12, 10).

Auf dem Berg in der Wolke: erneut angesprochen und gesandt

Dieses Mal packt das Gottesfeuer Mose nicht in der Ebene, sondern auf dem Berg, einem bevorzugten Ort der Gottheit. Hier wird er ausgewiesen als der Träger und Mittler all der Weisungen Gottes, die ein Leben im Land der Freiheit gelingen lassen.

Gesetze und Gebote sind nicht der Erweis für eine Herrschaft Gottes, die unterdrückt, sondern Zeichen seiner Hirtensorge für das Volk im Land, das von Milch und Honig fließt. Mose, ehemaliger Hirte der Herden seines Schwiegervaters Jitro (Ex 3, 1 ff), ist Hirte des Volkes, das dem himmlischen Hirten gehört (vgl. Ps 23).

Jahwe schließt mit Mose und dem Volk seinen Bund und versichert erneut seine Zusage: Ich bin immer bei euch.

Gott kündigt seinen Bund nicht auf, als das Volk sich selbst eine Mitte macht und um die Kräfte der Natur tanzt. Im Vorübergehen legt Gott Mose ans Herz: „Jahwe – Jahwe ist ein erbarmender und gnädiger Gott, langmütig und reich an Huld und Treue." (Ex 34, 6)

Mose ist ins Vertrauen gezogen, damit er dem halsstarrigen Volk wieder und wieder den rufenden und suchenden Gott erzähle. Aus dem intimen Gespräch mit Gott ist Mose der Zeuge für Gottes Sehnsucht nach dem Menschen. Gottes Ansehen macht ihn zum Übermittler der Weisungen für ein gelungenes Leben. „Alles wirkliche Leben kommt aus Begegnung." (Martin Buber)

Auf dem Berg der Aussicht: Gottes wichtigster Gesprächspartner – das „Du Gottes" – auch am Ende des Lebens

Noch einmal wird Mose auf einen Berg gerufen, den Nebo. Gott, der Hirte seines Volkes, zeigt seinem Vertrauten und Diener das ganze Land, das er den Vätern versprochen hat.

Mose darf das Land mit seinen Augen schauen, aber hinunter ziehen darf er nicht. Er stirbt im Hinsehen auf die Zukunft seines Volkes. Noch im Sterben sieht er im Blick auf das Land: Gott ist treu. Er hält, was er verspricht. Gerettet aus dem Tod, begegnet ihm der Unbegreifliche, aber Allerbarmende und macht ihn zum Zeugen der Zukunft für das befreite Volk – Mose in der Spannung zwischen Gott und Menschen: „Auge in Auge hat der Herr auf dem Berg mitten aus dem Feuer mit euch geredet. Ich stand damals zwischen dem Herrn und euch, um euch das Wort des Herrn weiterzugeben." (Dt 5, 4)

Das ist Mose: Inmitten des Volkes (Ex 34, 10) mit aller Leidenschaft für es eintreten und ganz in der Nähe Gottes sein; bei Gott und beim Volk daheim sein.

SCHAUEN - FRAGEN - ENTDECKEN

Die Bilder und Texte aus der Mappe „Ins Leben kommen“ eignen sich für Kindergarten und Schule sowohl als Einstieg in das jeweilige Thema als auch zur Nachbereitung und Vertiefung der Gestaltungen in diesem Heft.
Die farbintensiven Bilder können aneinander gereiht wie ein Leporello, im Klassenzimmer oder im Gruppenraum einen geeigneten Platz bekommen. Im nachfolgenden Vorschlag werden die Bilder in Form eines Octagon angeordnet, weil sie auf diese Weise die künstlerisch angezielten Übergänge und die Gesamtschau der Kinder unterstützen.

1) Schatten über dem Land
2) Leben erblüht
3) Aus dem Wasser gezogen
4) Wer bin ich?
5) ICH BIN DA
6) Weg in die Freiheit
7) Leben im Licht
8) Das verheißene Land

LEBEN IST BEDROHT

ÜBERLEGUNGEN

Die Israeliten oder Hebräer, wie sie auch genannt werden, sind unter die Herrschaft Ägyptens gekommen. Ihre Unfreiheit, ja Versklavung kann als Metapher für alle Arten von Versklavung von uns heutigen Menschen, jedes Einzelnen und einzelner Gesellschaftsgruppen, Völker geschaut werden.
Situationen dieser Art heißen wir Krisen. Sie stellen uns manchmal nur vor eine einzige Wahl: Leben oder Tod. Damit sich verändernder Wille bildet und verändernde Kraft wirksam werden kann, muss vielfach äußerste Entfremdung erfahren werden. Eine derartige Situation bildet den Anfang unserer Geschichte mit Mose, dem Volk Israel und Jahwe, seinem Gott.
Um Kinder im Alter von 5 bis 10 Jahren mit einer entsprechenden Situation vertraut zu machen und ihnen eine Identifikation zu ermöglichen, bedienen wir uns:

- leibhafter Erfahrung eines Gebundenseins durch das Seil (der Knechtschaft)
- einer Verbildlichung Ägyptens als Flussoase, wobei der Nil nicht nur Lebenselement ist, sondern auch Trennungslinie zwischen Arm und Reich, zwischen Herr und Sklave
- rhythmisierter Sprache, Klagelieder etc. und der Erzählung.

MATERIAL

ein dickes Seil, verborgen in einem Korb; 4 bis 8 ockerfarbene Rhythmiktücher; mehrere Chiffon- und Rhythmiktücher in verschiedenen Blautönen; Holzbausteine und Goldkugeln; dunkle Holzklötze und Stroh; einige Rhythmusinstrumente wie Klanghölzer, Steine, usw.; Heilige Schrift; bunte Stäbchen, Filzblätter, Edelsteine, Naturmaterial etc. für Lebenszeichen; evtl. Stifte und Karten für Bitte und Dank

ERLEBNISGESTALT

Sich über Wahrnehmen einfinden

❍ L (Leiter/in) weckt Vermutungen, Vorstellungen der Kinder zum Inhalt eines verdeckten Korbes durch:

- Erspüren des Gewichtes
- Rütteln des Korbes
- Hineintasten mit der Hand, etc.

❍ L zieht aus dem Korb ein Seilende, fordert durch Blickkontakt ein Gruppenmitglied auf, das Seil ein Stück mehr herauszuziehen. Das Spiel setzt sich mit weiteren Kindern fort bis das Seil in ganzer Länge am Boden liegt.

❍ Durch gegenseitigen Blickkontakt werden die Gruppenmitglieder nacheinander gebeten, zum Seil zu kommen, am Seil einen Standplatz einzunehmen.

❍ Indem alle das Seil gemeinsam aufheben und seine beiden Enden verbunden werden, bildet sich ein Kreis.
Anschließend drehen sich alle nach rechts, so dass die linke Schulter zur Mitte zeigt. Dann ziehen sie das Seil mit der rechten Hand über den Kopf und legen es auf die rechte Schulter.
Im Gespräch tauschen wir aus, was spürbar wird (tragen, eingebunden sein, in die gleiche Richtung ziehen). Anschließend wird das Seil rund abgelegt.

Miteinander in Beziehung treten

❍ Innerhalb des Seilkreises werden 4 bzw. 6 oder auch 8 zusammengefaltete ockerfarbene Rhythmiktücher abgelegt. Die Zahl richtet sich nach der Gruppenstärke und der Größe des verfügbaren Raumes.

❍ Wieder über Blickkontakt werden einzelne Kinder aufgefordert, sich eines der abgelegten Tücher zu nehmen.

❍ Wer ein Tuch hat, sucht sich einen Partner, mit dem er es entfaltet und hält. Die beiden Partner suchen sich zwei weitere zum Halten, so dass, entsprechend der Zahl der Tücher, Vierergruppen entstehen.

❍ Jede Gruppe macht sich Vorstellungen, womit sie die Farbe zu verbinden vermag.

❍ Die Vorstellungen werden für alle ausgesprochen und die Tücher innerhalb des Seilkreises als zusammenhängende Fläche abgelegt. Die Gesamtfläche kann neue Vorstellungen wecken, die ausgesprochen werden.

Den Schauplatz einer Geschichte entdecken

❍ Die Vorstellung „Wüste“ wird aufgegriffen, die Kinder äußern sich, was ihnen dazu einfällt. Bei Jugendlichen und Erwachsenen werden unter Umständen konkrete Erfahrungen mitgeteilt.

❍ Die sengende Sonne, die Kälte der Nacht, Durst, Erschlaffung, das Gehen im Sand etc. können leibhaft dargestellt, ausgedrückt werden.

❍ Einzelne Teilnehmer werden gebeten, mit Chiffon- und Rhythmiktüchern in verschiedenen Blautönen ein gewelltes, sich schlängelndes Band durch die Wüste zu legen.

❍ Vorstellungen von Bach, Fluss, Strom u. ä. werden wach gerufen und geäußert.

❍ Überlegungen, wie es beiderseits des Wassers aussehen mag, werden gemeinsam bedacht und ins Bild gebracht: Vegetation, Grünfläche, Blumen, Bäume etc.; Äußerungen wie Ansiedlungen, Häuser etc. werden aufgegriffen, aber noch nicht realisiert.

❍ Das Bild bekommt einen konkreten Namen:
Ägypten – fruchtbares Land am Nil mit Wüsten und Oasen.
Je nach Alter der Teilnehmer werden entsprechende Vorstellungen geweckt und zur Sprache gebracht. Bereits vorhandenes Wissen wird ausgetauscht und ergänzt.

Den Menschen der Geschichte begegnen – sich mit ihnen identifizieren

❍ Die Teilnehmer teilen sich in zwei Gruppen. Eine kleinere Gruppe baut mit Holzbausteinen und vergoldeten Kugeln auf der einen Flussseite einen Königspalast, die andere Gruppe gestaltet gegenüber mit dunkel gefärbten Holzklötzen und Stroh Hütten und kleine Häuser.

❍ Dieses Tun weckt Gedanken, Überlegungen, die einer Aussprache und Deutung bedürfen. Das Gegenüber von zwei Gesellschaftsgruppen wird deutlich. Auf der einen Seite sehen wir die Königsmacht mit dem König, dem Pharao an der Spitze und seinen königlichen Beamten, Dienern. Auf der anderen Seite finden wir die Arbeiter, die Sklaven, im Krieg Gefangene und Verschleppte. Dort wohnen Menschen, die aufgrund einer Hungersnot in das Kornland Ägypten gekommen sind, um zu überleben.

❍ Wir überlegen und spielen in wechselnden Gruppen, wie die Sklaven arbeiten: Stroh aufheben, Lehm anrühren, Ziegel formen und brennen,

Steine schleppen, Strassen und Paläste bauen usw., und was es bedeutet, Bestimmender, „Angeber“ zu sein, z. B. müßig dasitzen, Befehle geben, zur Arbeit antreiben, zuschauen.

- Wir können mittels Schlaginstrumenten und rhythmischem Sprechgesang die monotone Arbeit und die Ausbeutung ausdrücken:

  Arbeit, Arbeit ohne Pause,
  Arbeit, Arbeit, Tag und Nacht.
  Weiter, schneller, faule Hunde!
  Weiter, schneller, mehr und mehr.

- Ältere Kinder oder Jugendliche werden vielleicht einen Rap-Song entwickeln, wie z. B.:

  Lehm anrühren
  Stroh aufheben
  Ziegel brennen
  Steine schleppen
  Sklavenleben, Hundeleben,
  schlechtes Leben, fast schon tot!
  Gekettet, geknechtet,
  gefangen, entrechtet!
  Not! Not! Not!

Die biblische Geschichte hören (Exodus 1, 1–16)

- Aus einer Kinder- oder aus der Schulbibel wird der entsprechende Text gelesen oder in Anlehnung an die Einheitsübersetzung erzählt.

ERZÄHLVORSCHLAG

Unter denen, die in den elenden Hütten auf der anderen Seite des Nils – so ist der Name des Flusses – wohnen, leben die Hebräer. Heute nennen wir sie Israeliten. Dies ist der Name für einen Volksstamm.
Vor Jahren kamen sie nach Ägypten. Josef, der Sohn Jakobs, hatte sie ins Land geholt, denn sie litten großen Hunger. In Ägypten hatten die Hebräer Arbeit und Brot bekommen. Sie nannten Ägypten das reiche Kornland.
Josef, der einst Ägypten vor der großen Hungersnot bewahrte, ist schon lange tot. Der neue König von Ägypten weiß nichts mehr von Josef. Er sieht nur das Volk der Israeliten. Und er hat Angst vor ihnen.
Die Hebräer haben viele Kinder. Der Pharao denkt voller Sorge: „Sie werden immer mehr, ein großes Volk. Eines Tages werden sie stärker sein als

wir Ägypter. Sie werden aufstehen, Krieg gegen uns führen und selbst die Herren sein."
So spricht er zu seinen Beamten und Dienern: „Macht die Hebräer zu Sklaven. Macht ihnen das Leben schwer. Steine sollen sie tragen, Lehm zu Ziegeln brennen. Auf dem Felde sollen sie arbeiten. Alle harte Arbeit müssen sie tun."
Den Frauen aber, die bei der Geburt eines Kindes helfen, befiehlt er: „Achtet genau darauf, wer geboren wird. Ist es ein Junge, so werft ihn in den Fluss. Ist es ein Mädchen, so kann es leben. Das ist mein Wille."

Die Sehnsucht nach Leben ins Gebet bringen

❍ Wir greifen das am Boden liegende Seil auf, ziehen es mit der rechten Hand über den Kopf, legen es auf die rechte Schulter, halten es dort fest. In dieser Weise gehen wir im Kreis und wiederholen im Rhythmus:
Raus, raus, raus,
aus dem Sklavenhaus!
Frei, frei, frei,
frei von Sklaverei!

❍ Dazwischen bleiben wir stehen, um mit den Hebräern und allen versklavten und gequälten Menschen zu Gott zu rufen:

Gott!
Menschen verlieren die Freiheit, sind gefangen überall da, wo Krieg herrscht, Gewalt und Terror. Wir rufen mit ihnen: Raus, raus, raus ...

Gott!
Die Geschichte erzählt von Kindern, die nicht leben dürfen. Auch heute werden Kinder geschlagen, müssen Kinder verhungern, werden Kinder getötet. Wir rufen mit ihnen: Raus, raus, raus ...

Gott!
Menschen, große wie kleine sind voller Angst. Angst ist wie ein Gefängnis. Die Angst erstickt die Freude. Ohne Freude können wir nicht leben. Wir rufen mit ihnen: Raus, raus, raus ...

Gott!

❍ Hier sollten die Kinder ihre persönliche Übertragung der Erfahrungen ins Gebet bringen, das wir ebenfalls mit dem gemeinsamen Ruf nach Freiheit abschließen: Raus, raus, raus ...

Gott!
Höre unser Rufen! Mache uns frei von allem, was uns bestimmen möchte. Niemand soll unser Herr und König sein als du allein. Du willst, dass wir deine freien Kinder sind. Ja, schenke uns die Freiheit der Kinder Gottes. Amen.

Die Erfahrungen im Gestalten und Singen ausklingen lassen

❍ Wir befreien uns von dem Seil, indem wir es dem Kind vor uns von der Schulter heben. Gemeinsam wird es wieder auf dem Boden abgelegt.

❍ Jede/r sucht sich am Seil einen Sitzplatz und gestaltet am Außenrand ein Zeichen dafür, dass alle zur Freiheit der Kinder Gottes berufen sind.
Bei jüngeren Kindern sprechen wir von einem Ich-Zeichen. Jugendliche und Erwachsene gestalten möglicherweise statt einem Zeichen der Freiheit, die wir als Christen in der Taufe erlangt haben, am Innenrand des Seils auch ein Zeichen für unsere Knechtschaft.

Anstatt Zeichen zu gestalten, können Empfindungen schriftlich in einer persönlichen Klage oder Danksagung gefasst und diese innerhalb oder außerhalb des Kreises abgelegt werden. Der Gestaltungsvorgang findet mit einem Lied seinen Abschluss.

Text: Margot Eder
Melodie: Hans Eder

INS LEBEN KOMMEN

ÜBERLEGUNGEN

Am Beginn des Buches Exodus stehen mutige Frauen. Sie erhalten vom Pharao den Auftrag, die neugeborenen Jungen der Hebräer zu töten. Ausgerechnet an die Hebammen, deren ureigenste „Berufung“ es ist, ins Leben zu helfen, ergeht der Tötungsbefehl des Pharaos. Hier zeigen sich die Borniertheit und Absurdität dieses Befehles und seine ganze Lebensverachtung.
Doch die beiden Frauen stellen sich auf die Seite der Kinder. Sie gehorchen dem Leben mehr als der Macht. Sie achten Gott mehr als den Pharao. Sie verweigern sich dem Befehl ihres Königs. Sie bringen das Hauptanliegen dieser Befreiungserzählung zum Ausdruck: **Gott will, dass wir ins Leben kommen.** Die Hebammen dienen dem Leben. Dadurch dienen sie Gott. Gott rettet durch diese Frauen. Sie sind seine Mittlerinnen. Denn der Gott Israels hört, sieht, rettet, indem Menschen hören, sehen, retten. Gott rettet durch dich und mich.
Der Pharao reagiert auf die Befehlsverweigerung der Hebammen mit einer Verschärfung. Er befiehlt seinem ganzen Volk, die Knaben der Hebräer zu töten. Dieser Tötungsbefehl schwebt über der Geburt des Mose. So ist Mose von Anfang an ein „Vernichteter“, wie Bibelwissenschaftler sagen, einer, der nicht leben soll. Doch der Vernichtete wird wiederum gerettet. Durch den liebevollen Blick seiner Mutter rettet Gott erneut. „Weil sie sah, dass es ein schönes Kind war, verbarg sie es 3 Monate lang.“ (Ex 2, 2.)
Sind es zunächst die Mutter, der Vater, die Geschwister, die Mose Ansehen schenken, so wird er später durch das Ansehen der Königstochter gerettet. Weil diese Menschen hinschauen, kann Mose leben.

Ansehen geben und Ansehen bekommen sind Grundhaltungen und Grunderfahrungen menschlichen Lebens, die notwendig sind, die Not wenden. Es sind Grundhaltungen, Kräfte, die unsere Kinder entwickeln und ausbilden müssen, damit sie den Anforderungen des Lebens gewachsen sein können. Immer wieder beschäftigen wir uns auf dem Weg der *Religionspädagogischen Praxis* mit diesen Kräften. Aufgabe von Erziehung und Bildung ist es auch, Kinder zu stärken, in dem wir ihnen wohlwollendes Ansehen schenken und sie lehren, sich und andere mit Achtung anzusehen.

MATERIAL

farbige Rhythmiktücher oder Filzdeckchen; grober Wollstoff oder Sackleinen; Heilige Schrift; Figur eines Säuglings; diverses Gestaltungsmaterial wie Decken, Naturmaterial, Glasmuggelsteine, Märchenwolle, usw; Glaslichter

ERLEBNISGESTALT

Sich über ein Lied begrüßen

❍ Mit folgendem oder einem ähnlichen Lied wünschen wir einander einen guten Tag:

Text und Melodie: Hanni Neubauer

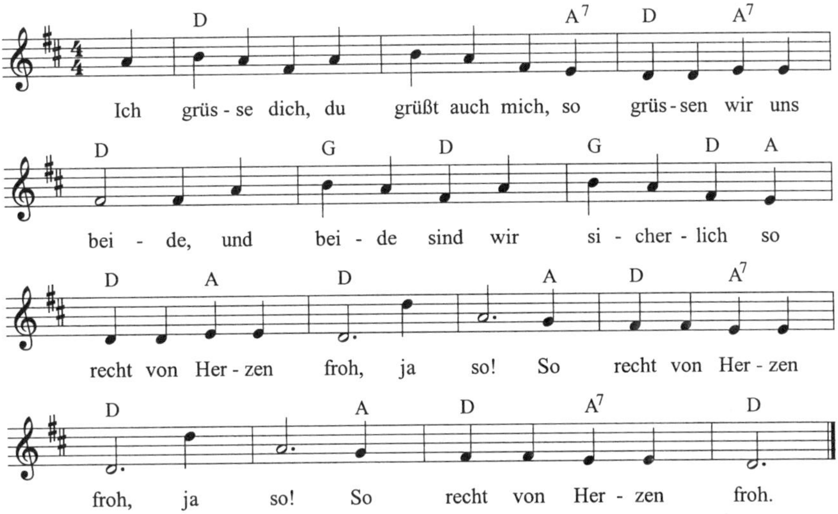

❍ Wir begrüßen uns in verschiedenen Sprachen und Dialekten. Wir hören, aus welchen Ländern diese Begrüßungsformeln und, in einer multikulturellen Gruppe, die jeweiligen Kinder kommen (z.B. Guten Tag, günyadin, buenos dias, Kalimera, good morning, griaß di God, Moin, bon giorno, Shalom).

Einander Ansehen geben

❍ Jedes Kind wird einzeln von L mit einem Handschlag in einer beliebigen Sprache begrüßt. Das Kind antwortet in einer Sprache seiner Wahl.

❍ Im Gespräch mit den Kindern greift L die Situation auf: Wir haben uns begrüßt, uns die Hand gegeben und uns dabei angeschaut. Das haben wir schon oft getan. Viele Male in unserem Leben. Am Anfang des Lebens haben uns Mutter und Vater begrüßt und angeschaut. Was haben sie da gesehen?

❍ Augen, Ohren, Nase, Mund, Haare usw. können mit jüngeren Kindern gezeigt, befühlt werden. Ältere Kinder werden nicht nur äußere Merkmale benennen, sondern auch Charaktereigenschaften u. ä. beschreiben. Im Lied können wir die Freude darüber zum Ausdruck bringen:

Text und Melodie: Eva Fiedler

❍ Die Gruppenmitglieder schauen sich im Kreis um. Welche Augenfarbe hat Julia? Welche Haarfarbe hat Markus? usw. Jede/r wird einmal mit Namen genannt und betrachtet. Dazwischen singen wir oben stehendes Lied.

❍ Gefaltete Tücher in verschiedenen Farben werden in die Kreismitte gelegt. L sucht eine Tuchfarbe entsprechend der Kleidung eines Gruppenmitglieds aus. Nach Blickkontakt wird das Tuch in dessen Hände und anschließend vor dem Stuhl am Boden abgelegt. Dies setzt sich fort, bis alle ein Tuch verteilt und eines empfangen haben.

❍ Alle schließen kurz die Augen und erinnern sich an einzelne Kinder: Wer gehört zu unserer Gruppe/ Klasse? Wen habe ich in den Blick genommen? Wem habe ich ein Tuch gebracht? Welche Farbe habe ich von wem bekommen? Wer hat mich freundlich angeschaut?

❍ Wir schauen noch einmal rund im Kreis, nehmen jedes einzelne Kind wahr. Auf obige Melodie singen wir einander zu:

„Wir schau'n uns an, wir schau'n uns an, so wie wir eben sind.
Wir freuen uns, wir freuen uns, dass wir geboren sind."

Unterschiede wahrnehmen

❍ Mit geschlossenen Augen ertasten, erspüren die Kinder ihr Tuch. Sie beschreiben mit eigenen Worten, was erfühlt wurde.

❍ Schließlich werden die Tücher in der Mitte zu einer großen Fläche abgelegt. Dabei äußern die Gruppenmitglieder ihre Assoziationen, wie z. B.:

- Malkasten
- buntes Fenster
- schöner Teppich

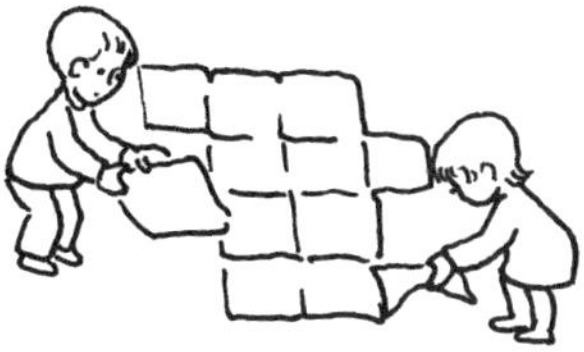

❍ L reicht ein Stück erdfarbenen groben Wollstoff oder Sackleinen im Kreis. Unter Augenschluss kann der Unterschied deutlich festgestellt werden.

❍ Im Gespräch tauschen die Kinder ihre Eindrücke aus und überlegen, wozu ein solcher Stoff verwendet wird, wer Kleidung aus einem solchen Stoff trägt. Einige werden sich an die Erzählung vom Volk der Israeliten in Ägypten, an ihre Gefangenschaft und Armut erinnern.

Die biblische Geschichte hören (Exodus 1, 15 – 2, 2)

❍ Aus einer Kinder- oder aus der Schulbibel wird der entsprechende Text in Auszügen gelesen oder in Anlehnung an die Einheitsübersetzung erzählt.

ERZÄHLVORSCHLAG

Das kleine Volk der Hebräer lebt in Ägypten. Es sind einfache Leute. Sie haben ein paar Schafe und einige Ziegen. Sie haben keine Kleider aus feinem Leinen. Sie tragen Kleider aus Armeleutestoff. Sie sind arm.
Sie sind bedroht. Der Pharao lässt zwei Frauen zu sich rufen. Sie heißen Schifra und Pua. Sie haben einen wunderbaren Beruf. Sie sind Hebammen. Sie stehen den Frauen, die ein Kind erwarten, zur Seite und helfen ihnen, die Kinder auf die Welt zu bringen. Der Pharao verlangt von ihnen, dass sie alle Knaben der Israeliten sterben lassen.
Schifra und Pua erschrecken. Sie sollen Kinder sterben lassen, wo es doch ihr Beruf ist, Kindern ins Leben zu helfen? Sie spüren in ihrem Herzen, dass das nicht Gottes Wille sein kann. „Gott schenkt den Kindern das Leben. Wir dürfen sie nicht töten“, sagen sie zueinander.
Sie hören nicht auf den Befehl des Pharao. Sie sind mutig. Sie folgen der Stimme Gottes in ihrem Herzen.

Der Pharao wird zornig. Er erteilt seinem ganzen Volk den Befehl: „Alle Jungen der Hebräer sollen getötet werden. Man soll sie im Nil ertränken.“ Da ist Amran. Er hat Angst. Er ist ein Hebräer. Seine Frau Jochebed erwartet ein Kind. Was soll nur werden?
Doch Jochebed und Amran haben Mut. Sie wissen: „Unser Gott will, dass Kinder leben.“ Sie freuen sich auf die Geburt ihres Kindes. Als Jochebed das Kind zur Welt bringt, sieht sie, dass es ein schöner Junge ist. Sie schaut ihn voll Liebe an. Sie sagt: „Das Kind soll leben. Es ist ein kostbares Geschenk.“ Sie versteckt es, damit die Ägypter es nicht finden können.

Gemeinsam Sorge tragen für das neue Leben

❍ Die Figur eines kleinen Kindes wird, in das Sackleinen gewickelt, behutsam von Hand zu Hand gereicht.
Dabei können wir singen:

Text und Melodie: Eva Fiedler

❍ Das Kind bekommt auf der bunten Mitte einen Platz. Zusammen bereiten wir ihm einen versteckten Ort zum Leben. Dazu können die Kinder überlegen, welches Material sich dafür eignet (z. B. Decken und Tücher, Zauberwolle, Naturmaterialien, usw.).

❍ Gemeinsam denken wir an Kinder, die bedroht sind auch in unserer Zeit. Im persönlichen Gebet bringen die Kinder ihre Gedanken und Bitten zum Ausdruck. Dazu können sie kleine Lichter anzünden, die in die Mitte gebracht werden. Im gemeinsamen Lied, z. B. „Du bist da, wo Menschen leben“, in RPP 1995/4 S. 30, findet die Gestaltung ihren Abschluss.

❍ Schulkinder können in einer nachfolgenden Stunde über bedrohtes Kindsein in unserer Zeit diskutieren und Lösungsmöglichkeiten erwägen, o. ä.

AUS DEM WASSER GEZOGEN - GOTT RETTET

ÜBERLEGUNGEN

Die wohl bekannteste Stelle aus der Exoduserzählung ist Thema der folgenden Einheit. Mose wird im Binsenkörbchen vor den Häschern des Pharao versteckt, gleichzeitig aber neuen Gefahren ausgesetzt. Doch auch in dieser Bedrohung ist Gott nahe. In der hebräischen Bibel heißt es sinngemäß: Mose wird aus der Flut herausgerissen, denn Gott rettet, rettet, rettet.
In dieser Wiederholung will die Erzählung die Hörenden im Gottesglauben bestärken, den das Volk Israel durch seine Geschichte hindurch erlebt und verkündet und der letztlich Grundlage unseres christlichen Gottesbildes ist.
Für die Erziehung und Bildung von Kindern ist dies der eindeutige Auftrag, vom rettenden Gott nicht nur zu reden, sondern ihn spürbar werden zu lassen auf entwicklungsgemäße Weise. Deshalb bedienen wir uns in der folgenden Gestaltung kindgemäßer Formen wie sinnenhaftes Erleben, anschauliche Abbildung innerer Vorstellungen, selbsttätiges Handeln und kognitive Einsicht, rhythmische Bewegung und Sprache, lebendige Erzählung und Identifikation, Vertiefung durch kreatives Tun und Gebet.

MATERIAL

ein langes, blaues Tuch in einem Korb; Schilfhalme in Vasen, Papyruspflanzen oder Legematerial für das Nilufer; 8 braune Tücher für das Körbchen; Figur eines Säuglings; Heilige Schrift, große Kerze; Wolle, Bänder etc.; evtl. Karten, Stifte

ERLEBNISGESTALT

Einander begrüßen mit einem Lied

❍ Die Gruppe versammelt sich im Kreis. Mit dem bereits bekannten Liedruf begrüßen wir uns.

Text und Melodie: Eva Fiedler

❍ Die Kinder stellen sich paarweise gegenüber im Kreis auf. Ein Außen- und ein Innenkreis entsteht.
Dem Text entsprechend erfindet die Gruppe verschiedene Gesten und Bewegungsformen, z. B.:

Ich schau dich an, ich schau dich an,
so wie du eben bist.
Ich freue mich, ich freue mich,
dass du geboren bist.

Einander in die Hände klatschen,
einhaken und drehen am Platz.
Wiederholen

❍ Die Kinder im Außenkreis gehen um einen Partner nach rechts weiter. Das Singspiel wiederholt sich, bis alle aus der Gruppe oder Klasse sich begrüßt haben.

Wir spielen vom Wasser, vom Fluss

❍ Mehrere Kinder ziehen aus einem verdeckten Korb ein langes, weichfließendes, blaues Tuch. Die Gruppe überlegt, welche Assoziationen ihr dazu einfallen und benennen sie. Das Bild des Wassers oder des Flusses wird als heutiges Thema ausgewählt.

❍ Im Spiel erarbeiten die Kinder verschiedene Qualitäten von Wasser und Fluss:

– im Kreis lassen wir pantomimisch das Wasser von einem zum andern fließen – spritzend, strömend, wild, ruhig etc.;

– verschiedene Instrumente bringen „Wasserklänge“ hervor, z. B.:

Glockenspiel:	quellen, sprudeln, hüpfen
Klangspiel:	fließen, strömen
Röhrentrommel:	gurgeln, verschlingen, Wasserstrudel
Trommel:	tropfen, strömen, überschwemmen, usw.

– ein Kind legt sich auf das Tuch; die Gruppe trägt es behutsam durch den Raum; dann wird gewechselt; das leichte Schaukeln lässt an die Tragkraft des Wassers denken, aber auch Geborgenheit und Vertrauen werden spürbar;

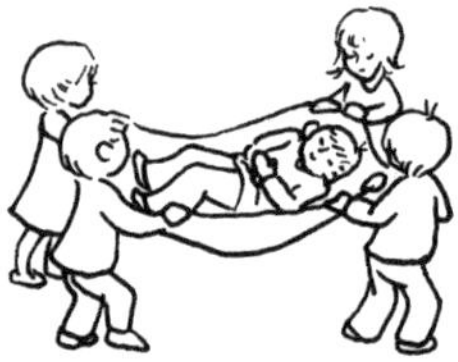

– alle fassen das Tuch und bilden durch leichte Bewegung Wellen;

– wir lassen das „Wasser“ von unten nach oben steigen, sprechen von Menschen, die darauf warten, dass der Wasserspiegel steigt, damit sie ihren Durst löschen können; wir denken aber auch an das gefährliche Hochwasser, das Menschen fürchten; die Gruppenmitglieder bedenken die doppelte Bedeutung von Wasser – es kann lebensspendend, aber auch lebensbedrohlich sein;

- die Kinder bringen ihr Wissen von den Bewegungen des Wassers ein und setzen es ins Spiel mit dem Tuch um, z. B. Wind, Sturm, Regen, Flut, Wellen, Windstille;
- das Tuch wird gespannt und ganz eben und still gehalten; die Kinder überlegen, dass der Fluss stark ist, Schiffe und Menschen tragen kann.

Wir entdecken einen schützenden „Korb“

❍ L bringt ein braunes Tuch in das Bild des Flusses und formt es wie ein Boot.

❍ Mehrere braune Tücher werden zusammengerollt an den Rand des „Bootes“ gelegt.

❍ Die Kinder überlegen, wie dieses Gebilde aussieht und was hier auf dem Wasser schwimmen könnte, z. B.:
- Kahn
- Kiste
- Nest
- Korb
- Schiff o. ä.

❍ Mit einem weiteren braunen Tuch deckt L das „Kästchen“, das „Boot“, den „Korb“ in der Mitte zu.

❍ Unter Augenschluss werden die Kinder in eine Imagination geführt. Dabei können sie vom Fluss, den sie gespielt haben, träumen.
Manchmal ist der Fluss gefährlich und bedrohlich.
Aber er bringt Leben.
Er kann tragen und bewegen.
Er schaukelt eine kleine Kiste auf seiner Oberfläche.
Ist es ein Körbchen, das da auf dem Wasser schwimmt wie ein kleines Schiff? Ist es ein Nest, in dem jemand geborgen ist?
Es ist zugedeckt, es ist geschützt.
Etwas Kostbares ist darin verborgen.
Ich komme näher, um es zu sehen. Ich hole es aus dem Wasser.
Ich halte es fest, damit das Wasser es nicht fortspülen kann.
Ich öffne den Deckel und schaue hinein.
Was sehe ich? Was zeigt sich mir?

❍ Während der Imagination hat L eine Puppe oder eine biblische Erzählfigur eines Säuglings im „Binsenkörbchen" versteckt.
Im Gespräch können die Kinder einander Anteil geben an ihren Vorstellungen und Gefühlen. Größere Kinder und Jugendliche werden auch im übertragenen Sinn davon reden können, was sie „retten" möchten.

Von Mose hören, der gerettet wird (Ex 2, 3–10)

❍ Aus einer Kinder- oder aus der Schulbibel wird der entsprechende Text gelesen oder in Anlehnung an die Einheitsübersetzung erzählt.

❍ Die Erzählung kann durch Geräusche, Bewegungen und Gesten der Kinder begleitet werden. Größere Kinder können daraus eine wechselnde Abfolge von verschiedenen Rhythmen (heute Rap genannt) und in unterschiedlichen Kleingruppen kreieren. Dazu einige Vorschläge:

– Wasser	patschen mit den Händen
– Schilf im Wind	wiegen mit erhobenen Armen
– Soldaten	stampfen mit den Füßen
– Marschlied	ho, ho, ho, ho
– Königstochter	klatschen
– Freundinnen	trippeln mit den Beinen

ERZÄHLVORSCHLAG

Heute gehen wir wieder an einen großen Fluss, an den Nil. Breit und gewaltig sind seine Ausmaße. Schilf wächst an seinen Ufern - Schilf, in dem man sich verstecken kann.

❍ Schilfhalme, Papyruspflanzen werden an das blaue Tuch gebracht. Ebenso kann das Ufer mit Legematerial und Tüchern begrünt werden.

Eine gefährliche Zeit ist angebrochen für das Volk Israel. Die Ägypter haben Angst vor ihnen. Deshalb erteilt der Pharao den Befehl: Alle neugeborenen Jungen sollen getötet werden!
Soldaten sind unterwegs, um den Befehl auszuführen. Die Hebräer hören sie kommen. Voller Furcht verstecken sie sich in ihren Hütten.
Mutter Jochebed aus dem Stamme Levi ist in großer Sorge. Sie hat einen Sohn geboren. Eine Weile schon verstecken sie ihn in ihrem Hause. Ihre Tochter ist ein kluges Mädchen. Das Mädchen liebt ihren kleinen Bruder. Es liebt alles Leben und will es schützen. So ersinnt sie mit ihrer Mutter einen Plan. Sie bauen aus Papyrushalmen und -blättern ein kleines Boot, ein Kästchen und legen das kleine Kind hinein. Schon hören sie die Soldaten kommen. Sie sind gefährlich. Sie wollen den kleinen Jungen töten.

Das Mädchen läuft hinaus an den großen Fluss, den Nil. Sie weiß: „Bald kommt die Königstochter mit ihren Freundinnen." Leise betet sie: „Gott hilf mir, meinen Bruder zu retten!"
Sie setzt das Körbchen ins Wasser und versteckt sich im Schilf. Plötzlich hört sie die Tochter des Pharaos. Junge Frauen sind bei ihr. Sie gehen baden. Was wird geschehen?
Endlich entdeckt die Königstochter das Kästchen. Sie zieht es schnell aus dem Wasser ans sichere Ufer. Sie beugt sich über den Korb und öffnet den Deckel.

❍ L nimmt das braune Tuch ab, holt behutsam die Figur des kleinen Mose heraus und nimmt sie in den Arm. Die Kinder können dieses Tun in ihrer Gestik mitvollziehen. Dazu können wir singen: „Ich schau dich an...".

Liebevoll schaut sie das kleine Kind an. „Habe keine Angst", sagt sie. „Du bist gerettet. Du sollst leben!"
Da fasst sich das Mädchen in ihrem Versteck ein Herz und tritt mutig vor die Pharaonentochter. „Ich kenne eine Frau, die gerade stillt. Ich kann sie holen, denn das kleine Kind hat Hunger." Die Tochter des Pharaos ist einverstanden. Das Mädchen holt ihre Mutter und ihr kleiner Bruder darf leben. Als der Junge größer ist, bringen sie ihn zur Königstochter. Sie nimmt ihn als ihren Sohn an. Er wird ein Prinz. Sie gibt ihm den Namen Mose, denn das heißt: „Ich habe ihn aus dem Wasser gezogen."

Den Dank für Rettung zum Ausdruck bringen

❍ Eine große Kerze und evtl. die Heilige Schrift werden in die Mitte gebracht. Wir beten, danken und singen (siehe S. 18) mit dem Mädchen, welches das Leben schützt.

❍ Jüngere Kinder können in der Gestaltung eines Körbchens aus Wollfäden, Seilen, Filzschnüren u. ä. am Fluss ihre Erfahrung und ihr Gebet nachklingen lassen und vertiefen. Auch das Flechten oder Basteln eines Korbes kann in der Folgezeit im Kind den Eindruck dieser Rettungsgeschichte festigen.
Kinder im Schulalter übertragen das Erlebte auf ihre Situation oder auf ihre Umwelt. Ihr Gebet können sie auf einer schönen Karte in Form eines Korbes oder eines Bootes festhalten und in die Mitte bringen.

WER BIN ICH?

ÜBERLEGUNGEN

Die Lebensgeschichte des Mose zeigt ihn als einen Menschen, der in zwei Kulturen lebt. Als Kleinkind wird er von seiner leiblichen Mutter als Amme der Pharaonentochter erzogen. Die Bibel sagt nichts darüber aus, ob Mose seine Mutter, seine Eltern als solche erkennt.
Wohl aber können wir davon ausgehen, dass er im Lauf dieser Zeit die hebräischen Sitten und Gebräuche, Gebete und Gottesdienste kennenlernt, dass er hineinwächst in die Kultur und Religion jenes kleinen Volkes, das in der Fremde, in Ägypten lebt. Die Hebräer verehren ihren Gruppengott, den Gott Abrahams, einen Hirtengott, einen Begleitergott, den man nicht sehen kann. Allenfalls spüren kann man ihn mit einem offenen und bereiten Herzen, lautet die Überlieferung. Die Stimme Gottes können Abraham und seine Nachkommen vernehmen. Begreifen oder anschauen können sie ihn nicht.
Ganz anders erlebt Mose die folgenden Jahre seines Aufwachsens. Als Prinz wird er eingeführt in die höhere Gesellschaft Ägyptens. Als Sohn der Pharaonentochter lebt er in Reichtum und Wohlstand, lernt er vermutlich lesen und schreiben, wird er in die ägyptische Religion eingeführt. In Ägypten wird der Pharao als König und Gott verehrt. Das Wort „Pharao" ist die hebräische Übersetzung des ägyptischen Wortes „piro" und heißt „großes Haus". Als Sohn des Sonnengottes herrscht er über das Land.
Die frühkindliche Prägung des Mose unterliegt einer ganz anderen Kultur, als seine Erziehung in den späteren Jahren. So gesehen ist die Figur des Mose eine aktuelle, interkulturelle Gestalt. Wie viele Kinder unserer Zeit erlebt er sich als hin- und hergerissen zwischen verschiedenen Kulturen und Religionen.
Mit dem Erwachsenwerden kommt die Zeit der Entscheidung. Die Begegnung mit den versklavten Bauarbeitern führt ihn in die Auseinandersetzung mit seinem bisherigen Leben. Aus Eifer für die Gerechtigkeit begeht er den Mord an einem Aufseher. Damit ist sein weiterer Werdegang entschieden.
Hinter dieser Geschichte steht die uralte Frage, die jeder Mensch für sich persönlich beantworten muss: Wer bin ich? In jeder Lebensphase des Menschen stellt sich diese Frage erneut. In der sog. Trotzphase, in der Pubertät, im Pensionsalter wird sie uns entwicklungspsychologisch besonders deutlich. Aber auch in den Zeiten des Übergangs vom Elternhaus zum Kindergarten, vom Kindergarten zur Grundschule sind Kinder davon betroffen.

MATERIAL

blaue und ockerfarbene Tücher, Bausteine, Goldkugeln, dunkle Holzklötze, Stroh, Pflanzen und Naturmaterial für Landschaft; evtl ägyptisches Henkelkreuz, Kippa oder schwarzes Tuch, Kette, Ring, Stück Sackleinen; Instrumente; Heilige Schrift; Legematerial, evtl. Karten und Stifte

ERLEBNISGESTALT

Sich selbst wahrnehmen

❍ Alle suchen sich einen Platz zum Stehen, nehmen mit den Fußsohlen ihren Standplatz wahr, schwingen leicht nach vorne, nach hinten, zur Seite.

❍ Die Balance wird gesucht:
- Ich neige mich so weit als möglich nach vorne, nach hinten, zur Seite.
- Ich stehe auf dem linken Bein, dann auf dem rechten.
- Ich gehe in die Knie und stehe auf.
- Zu zweit versuchen wir, uns aus dem Gleichgewicht zu bringen und standhaft zu bleiben.

❍ Die Gruppenmitglieder nehmen ihren Standpunkt wahr. Unter Augenschluss lenken sie ihre Aufmerksamkeit auf ihre Beine:
Die Füße stehen auf dem Boden.
Sie tragen meinen Körper. Sie tragen mich.
Der Körper pendelt sich ein, kommt zum Stillstand.
Die Füße finden ihren Standpunkt. Sie stehen still.
Ich bin im Gleichgewicht. Ich bin im Lot. Ich stehe gerade.
Ich bin da.
Ich spüre meinen Atem, mein Herz. Ich spüre mein Leben.
Leise spreche ich meinen Namen zu mir.
Es ist gut, dass ich da bin.

Einander im Gestalten wahrnehmen

❍ L erinnert an die Gestaltung des Nil mit den zwei Ufern aus der ersten Einheit (siehe S. 10). Selbsttätig gestalten die Kinder die Landschaft nach ihren Vorstellungen. Dabei wird darauf geachtet, dass jedes Kind sich beteiligen kann, dass das Wissen und die Erfahrungen der Kinder zum Ausdruck kommen können und alle genügend Zeit haben, um sich darauf einzulassen.

❍ Das bewusste Wahrnehmen der einzelnen Kinder kann dadurch unterstützt werden, dass jeder sich mit Namen und Herkunftsort vorstellt, z. B.: Ich bin Jonas aus der Bahnhofstraße.

Vom Leben in den Hütten, im Palast spielen

❍ Verschiedene Gegenstände und Instrumente werden in den Kreis getragen, z. B.:
- ägyptisches Henkelkreuz
- Kippa (schwarzes Käppchen, das Juden beim Gebet tragen)
- goldene Kette oder Ring
- ein Stück Sackleinen oder Rupfen
- Klangstäbe
- Schellenkranz

Sie werden vorgestellt, wenn nötig erklärt, von den Kindern ins Spiel gebracht und entsprechend ihrer Bedeutung zu den Hütten oder zum Palast gelegt.

Aus der Bibel hören: Mose wächst heran (Ex 2, 10 – 15)

❍ Aus einer Kinder- oder aus der Schulbibel wird der entsprechende Text gelesen oder in Anlehnung an die Einheitsübersetzung zur Verdeutlichung des Geschehens erzählt.

ERZÄHLVORSCHLAG

Als kleiner Junge lebt Mose in den Hütten der Hebräer, bei seinen Eltern und Geschwistern. Die Königstochter hat ihn aus dem Nil gerettet. Sie hat ihn Jochebed übergeben, damit sie ihn ernährt.
Dann wird er in den Palast des Pharao gebracht. Er bekommt eine Kette, einen Ring. Wie ein Prinz lebt er dort, denn seine neue Mutter ist die Tochter des Königs. Liebevoll nennt er sie „Mut", so wie alle ägyptischen Kinder ihre Mütter nennen. Er lernt lesen und schreiben, rechnen und planen. Er lernt reiten und kämpfen. Er wird groß und klug. Ein zufriedenes Leben führt er hier.
Nur manchmal, vielleicht in den Träumen, begegnen ihm Bilder aus seiner Kindheit. Dann träumt er von den armseligen Hütten mit bärtigen Männern davor, die eine Kippa auf dem Kopf tragen. Sonnenverbrannte Gesichter haben sie und schwielige, harte Hände. Müde und gebeugt sind sie.
Vielleicht träumt er von einer Frau und einem Kind. Sie trägt einen Teller mit Essen in der Hand. Ein wenig abseits setzt sie sich mit dem Kind. Sie spricht ein Dankgebet an den unsichtbaren Gott, der größer ist als alles. Dann darf das Kind essen. Liebevoll schaut sie den Jungen an.

❍ Mit Mose erinnern sich die Kinder an ein Lied und singen „Ich schau dich an...", siehe S. 16.

Sie erzählt, dass Gott auf alle Menschen achtet, die großen und die kleinen, die reichen und die armen. Sie erzählt von Gott, der alles erschaffen hat, sogar die Sonne, die die Ägypter als Gott verehren. Sie sagt: „Unser Gott ist allmächtig. Er liebt alles, was lebt. Er ist unser Einziger. Das ist ein großes Geheimnis!“

Darüber muss Mose oft nachdenken. Im Palast ist der Pharao König und Gott, „Sohn der Sonne“ wird er genannt. Er fragt sich: „Wo gehöre ich hin? An welchen Gott glaube ich? Wer bin ich?“

Dem eigenen Gottesbild nachsinnen

❍ Nach einer Weile des Nachdenkens gestalten die Kinder etwas von ihrem eigenen Gottesbild. Größere Kinder können ihre Gedanken in einer Metapher aufschreiben: Gott ist für mich wie ...
Im behutsamen Gespräch tauschen wir unsere Vorstellungen aus. Je nach Alter der Kinder wird die Frage: „Wer bin ich?“ eine Rolle spielen. Dabei wird die Frage von Religion und Identität angesprochen, die große Sensibilität und Achtung voreinander verlangt.

Die biblische Erzählung zu Ende hören

Draußen auf den Baustellen ist der Pharao gefürchtet. Dort gibt es keine Achtung vor dem Leben. Seine Aufseher quälen die Arbeiter. Sie schlagen die Hebräer und alle Sklaven. Die Hebräer wissen: Der Pharao ist kein Gott. Unser Gott ist ein Gott des Lebens. Manchmal hört Mose das Elend der Menschen.

❍ Gemeinsam wiederholen die Kinder einen rhythmischen Sprechgesang aus der Einheit „Leben ist bedroht“ (siehe S. 11)

Mose kann das Leid nicht mehr übersehen. Er sieht die Not der Menschen. Eines Tages beobachtet er einen Aufseher. Dieser schlägt auf einen Hebräer ein. Da spürt Mose: „Ich bin auch ein Hebräer. Er schlägt einen meiner Brüder! Ich muss helfen!“ Zornentbrannt tötet er den Ägypter. Mose muss fliehen – fort aus dem Palast, fort aus seiner Heimat.

Die Geschichte im Gebet deuten

Gott des Lebens!
Voll Zorn kämpft Mose für sein Volk. Voll Eifer kämpft er gegen Unrecht.
Doch auch er verschont das Leben nicht.
Manchmal verstoßen Menschen gegen das Leben, obwohl sie das Gute erreichen wollen.
Hilf, dass sie lernen, deinen Willen zu tun.

LEBEN HÜTEN - VERANTWORTUNG LERNEN

ÜBERLEGUNGEN

Die Berufung Mose zum Führer und Hirten seines Volkes wird in der folgenden Erzählung vorbereitet. Hirte sein, das bedeutet Verantwortung übernehmen, sich sorgen und mühen, das Leben nicht aus den Augen lassen, es hüten und pflegen. Das will schon in den Anfängen gelernt sein.
Im Vergleich zur vorhergehenden Erzählung wird ein Lernprozess erkennbar. Mose übersieht nicht, dass es beim Wasserholen am Brunnen ungerecht zugeht, aber er bestraft die Ungerechten nicht, sondern ermahnt sie. Die Schwächeren kommen nicht zum Zug. Das lebensnötige Wasser können die Mädchen nicht schöpfen, weil Stärkere ihnen den Weg dazu verweigern. Mose sieht es, er schaut nicht weg. Er steht für das Leben ein. Er legt selbst Hand an und hilft, wo Hilfe nötig ist. So zeigt sich seine Fähigkeit zum Hirte sein. Dadurch kann ihm Verantwortung übergeben werden. Er darf eine Herde fremder Schafe hüten. Da braucht es Klugheit, helle Augen, wache Ohren, eine tatkräftige Hand und vor allem ein gutes Herz. Auch hierin beweist sich Mose.
So kann ihm eine Frau zur Seite gestellt werden. Das Liebste, was ein Vater hat, seine Tochter, wird ihm anvertraut.
Erziehende sagen: In die Verantwortung muss man hineingenommen werden, man muss in sie hineinwachsen. Die Antwort, das Ja für das Leben, will in kleinen Schritten gelernt werden. Dazu braucht es geschenktes Vertrauen. Eltern, Erziehende werden erkennen müssen, in welche Aufgaben ein Kind hineingeführt werden kann, welche Grundhaltungen und Basiskompetenzen es entwickeln muss. Ihr Zutrauen lässt beim Kind Verantwortung wachsen.
In dieser Einheit soll die Haltung „Hirte sein" erfahren und selbsttätig eingeübt und vertieft werden. Die Erzählung selbst, die Vollzüge und die dazu stärkenden Lieder mögen dabei helfen.

MATERIAL

Holzreifen, Korb mit Flusssteinen, blaues Tuch, Klangspiel; Heilige Schrift; Wollschäfchen in der Anzahl der Kinder; 8 bis 10 grüne Tücher, Hirtenstab, grüne Filzblätter, Stäbchen, Holzperlen, Naturmaterial

ERLEBNISGESTALT

Wir versammeln uns

❍ Wir lassen einen Reifen im Kreis von einem Kind zu einem anderen rollen.
Wir können dies mit einem Lied tun:

Text und Melodie: Hanni Neubauer

❍ L hält den Reifen waagrecht vor sich, geht damit zu einem Kind und lädt es ein, sich am Reifen festzuhalten. So versammelt sich nacheinander die Hälfte der Gruppe um den Reifen und hält ihn fest.

❍ Die Kinder im Stuhlkreis werden eingeladen, sich an der Schulter des vor ihnen am Reifen Stehenden festzuhalten.

❍ Alle Gruppenmitglieder bringen ihre Erfahrung ins Wort.
Wir erspüren den Zusammenhalt. Wir halten den Reifen. Wir halten aneinander fest. Wir halten zusammen fest. Wir halten fest zusammen. Zusammen haben wir viel Kraft und Stärke. Wir tragen Verantwortung füreinander, dass niemand herausfällt.

❍ Wir legen den Reifen miteinander langsam in der Mitte ab. Wir lösen unsere Verbindungen. Festhalten und loslassen – beides ist für uns notwendig.

❍ L bringt einen Korb mit Steinen in den Kreis. Sie legt einen Stein außen an den Reifen. Sie bietet den Korb dem Kind neben sich an. Es nimmt ein oder zwei Steine (je nach Größe der Gruppe) heraus und legt sie ebenfalls an. Mit jeweils einem neuen Kind hält L den Steinkorb vor jedes Kind bis der Steinkreis vollendet ist.

❍ Wir schauen den Kreis aus Steinen an. Wo sind die eigenen abgelegten Steine? Welche Steine hat das Kind neben mir gelegt?

❍ Wir bilden mit den Händen den Steinkreis nach. Die Kinder halten einander die Hände hin, fassen sich, halten zusammen. Sie spüren der Kraft und dem Halt nach. Sie überlegen, was Menschen trägt und hält. Ältere Kinder formulieren ihre Sichtweise, wie Menschen einander tragen und halten können. Im Gespräch findet sich vielleicht die Übertragung auf eine Grunderfahrung des Lebens: Menschen, die zusammenhalten, erhalten das Leben, schätzen das Leben hoch, halten das Leben hoch.

❍ Gemeinsam singen wir:

Text und Melodie: Hanni Neubauer

Das Bild in der Mitte schauen

❍ Wir schauen und erinnern uns: Wo habe ich so ein Bild schon gesehen? An was denke ich? Was ist so eingefasst?
- Turm
- Loch
- Brunnen

❍ Ein blaues Tuch wird gemeinsam in die Mitte des Steinkreises gerundet. Welches Bild zeigt sich jetzt? Aus den verschiedenen Vorstellungen wählen wir das Bild des Brunnens.

Einen Brunnen entdecken

❍ Die Kinder spielen, was sie am Brunnen alles tun können, z. B. Wasser trinken, sich erfrischen, spritzen, schöpfen. Sie zeigen ihre Ideen, etwa, dass der Brunnen tief, gefüllt oder leer ist. Sie teilen einander ihr Wissen, evtl. auch ihre Erlebnisse mit.

❍ Die Gruppenmitglieder achten darauf, dass jede/r Platz am Brunnen findet. L erzählt vom Brunnen und spielt mit den Händen die Bewegungen mit: Das Wasser bewegt sich noch. Es kräuselt sich. Kleine Wellen und Ringe tanzen. Es dauert eine Weile. Wir schauen so lange, bis es ruhig geworden ist. Die Oberfläche ist glatt. Das Wasser ist tief und dunkel. Wir schauen hinunter. Wie tief mag der Brunnen sein? Kann das Wasser etwas erzählen? Wir sind still geworden und horchen in die Tiefe.

❍ L lässt ein Klangspiel erklingen. L und Kinder lassen das Wasser nacheinander zur Sprache kommen, z. B.:
- Ich bin klar. Schaue in meine Tiefe.
- Trinke, wenn du Durst hast. Ich bin rein.
- Finde Ruhe bei mir, usw.

  Das Klangspiel wird beim Brunnen abgestellt.

Die Geschichte von Mose hören, spielen und gestalten (**Ex 2, 15 – 22**)

❍ Aus einer Kinder- oder aus der Schulbibel wird der entsprechende Text gelesen oder in Anlehnung an die Einheitsübersetzung erzählt.

ERZÄHLVORSCHLAG

Mose ist fortgelaufen. Er musste fliehen. Der Pharao erfuhr von seiner Tat und wollte ihn töten.
Mose ist bis Midian gekommen. Er sitzt an einem Brunnen. Ob er in die Tiefe schaut? Ob er nachdenkt über die letzten Tage, über seine Tat, seine Flucht? Ob er hört, was der Brunnen, das Wasser ihm erzählen?
Mose bleibt nicht lange allein. Es kommen Frauen, Mädchen zum Brunnen. Mose zählt: Eins, zwei, drei, vier, fünf, sechs, sieben. Es sind die sieben Töchter des Priesters von Midian. Sie kommen, um Wasser zu schöpfen. Die Schafe und Ziegen des Vaters wollen getränkt, die Tröge und Rinnen gefüllt werden.
Doch die Mädchen gelangen nicht zum Brunnen. Es kommen Männer, Hirten. Auch sie wollen Wasser für ihre Tiere holen. Sie drängen heran und verdrängen die Mädchen.
Mose sieht es. „Das darf nicht sein. Das ist ungerecht. Das kann ich nicht zulassen. Die Mädchen waren zuerst da", denkt er. Mose steht auf. Er stellt sich hin. Er steht für die Mädchen ein.

❍ Wir stehen bewusst auf und stellen uns fest auf den Boden.

Vielleicht stampft er mit dem Fuß. „Nein, das darf nicht sein!"

❍ Die Kinder stampfen wie Mose, suchen selbst nach Sätzen, die Mose in dieser Situation sagen will.

Mose nimmt die Eimer, Kannen und Krüge der Mädchen und füllt sie. Einen Eimer nach dem anderen füllt er mit Wasser.

❍ L zeigt es im Spiel. Sie schöpft in der Gestik aus dem Brunnen und bringt das Geschöpfte einem Kind. Dieses schöpft ebenfalls und das Spiel setzt sich fort.

Text und Melodie: Hanni Neubauer

Die Mädchen kommen mit den gefüllten Krügen und Kannen nach Hause. Der Vater fragt sie: „Warum seid ihr heute so schnell wieder da?“ Da erzählen sie ihrem Vater: „Ein Ägypter hat uns gegen die Hirten verteidigt. Er hat sogar das Wasser für uns geschöpft.“
„Wo ist er? Warum habt ihr ihn dort gelassen und nicht mitgebracht? Holt ihn und ladet ihn zum Essen ein!“ Mit diesen Worten schickt der Vater sie zum Brunnen zurück. So kommt Mose in das Haus des Priesters von Midian, der Jitro genannt wird. Mose bleibt eine lange Zeit an diesem Ort. Der Vater der Mädchen vertraut ihm. „Auf Mose kann ich mich verlassen“, denkt er. Eines Tages übergibt er ihm eine Aufgabe.

Ein Schaf anvertraut bekommen

❍ L bringt, in ein weißes Tuch gehüllt, ein Schäfchen in den Kreis. Die Kinder schauen hinein, entdecken es. Jedem Kind kann es einmal übergeben, anvertraut werden. Damit pflegen wir Verantwortungsgefühl und Sorgsamkeit. Die Kinder sagen einander, was sie einem guten Hirten zutrauen, z. B.:
- Du wirst es gut pflegen!
- Du wirst es hüten! Du brauchst einen Hirtenstab!
- Du kennst frische grüne Weide, damit es nicht hungern muss!
- Du kannst es an den Brunnen führen und ihm zu trinken geben!

❍ Dann können sie dem Schäfchen zusingen:

Text und Melodie: Hanni Neubauer

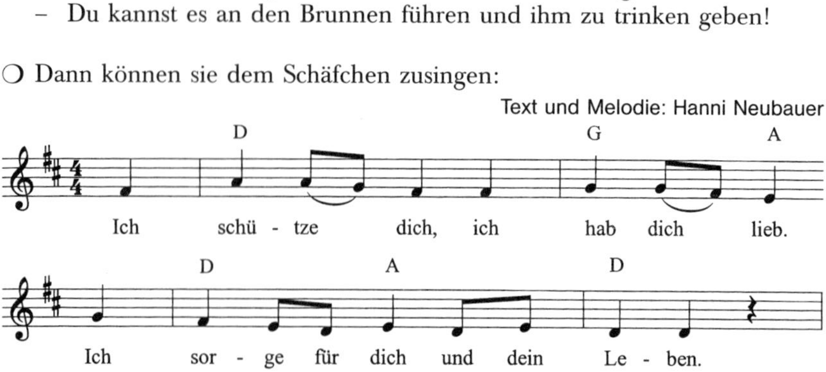

Wir gestalten den Weideplatz und hören die Geschichte zu Ende

❍ Grüne Tücher werden rund um den Brunnen gelegt. Ein Hirtenstab kommt dazu. Jedem Kind wird als Hirte ein Schaf anvertraut, damit es einen guten Weideplatz findet. Aus grünen Filzblättern, Stäbchen, Holzperlen und Naturmaterial bekommt jedes Schaf einen Platz zum Leben. Der Hirte sorgt dafür.

Mose hütet und versorgt die große Herde. Er trägt die kleinen Lämmer auf der Schulter. Er müht sich um die kranken Tiere, verbindet die Verletzungen. Er nährt und tränkt sie. Mose wird ein guter Hirte.
Vater Jitro sieht es. Er freut sich. Er sagt zu Mose: „Wenn du meine Tiere so gut hütest, kann ich dir auch meine Tochter anvertrauen. Zippora ist ihr Name, das heißt Vögelchen. Sie soll deine Frau werden. Sorge gut für sie und werde ihr Mann.“ Die Hochzeit wird gefeiert, denn Zippora und Mose haben einander gern.

Text und Melodie: Hanni Neubauer

Wir deuten, was wir erlebt haben, im Gebet

❍ Dazu können die Kinder ihr Schaf in die Hände nehmen und im freien Gebet ihrer Deutung Ausdruck geben. Größere Kinder werden ihr Gebet im Anschluss daran aufschreiben, in ein Gebets- oder Schulheft kleben und aufbewahren.

❍ Zum Abschluss kann L die Gebete der Kinder zusammenfassen.

Guter Gott, du bist für uns da. Du sorgst für uns.
Du willst, dass wir gut zueinander sind.
Hilf uns, dass wir füreinander da sind, fest zusammenhalten, uns beschützen und aufeinander achten – so wie es ein guter Hirte tut. Amen.

ZUR BEFREIUNG BERUFEN – AM DORNBUSCH

ÜBERLEGUNGEN

Mose, der Hirte, hat die Aufgabe, Schafe in der Wüste zu hüten. Ist ein Platz abgeweidet, führt er sie an einen neuen Platz des Lebens. So sorgt er sich tagtäglich um das Wohlergehen seiner Herde.
Plötzlich entdeckt Mose während seines Tuns ein faszinierendes Phänomen: ein Dornbusch, der brennt, aber nicht verbrennt. In der Annäherung an diese Erscheinung spricht Gott selbst aus dem Feuer, ruft Mose beim Namen und beruft ihn zu einer großen Aufgabe: „Geh und führe mein Volk in die Freiheit.“ – Der Schafhirte soll Hirte seines Volkes sein. Die Angst des Mose, es nicht zu können, beruhigt Gott mit der Zusage: „Ich bin da, mit dir und deinem Volk.“
Ein befreiender Gott, wie er hier dargestellt wird, kann die Grundhaltung des Kindes zum Leben positiv beeinflussen. Ein Gottesbild, das Gott beschreibt als einen, der allezeit nahe ist und Stärke gibt, kann das Grundvertrauen des Kindes vertiefen und das Zutrauen zu sich selbst fördern.
Für Erziehende und Kinder gleichermaßen bedeutet die Botschaft von der Berufung Mose, dass alle Menschen von Gott Gerufene sind, die in Freiheit leben sollen. Auf sein Wort dürfen wir vertrauen: „Ich bin da. Ich werde da sein, allezeit.“

MATERIAL

dickes Seil (ca. 6–8 m), sandfarbene Tücher in ausreichender Zahl, Dornenzweige; Glaslichter; Heilige Schrift, große Kerze mit dem Namenszug JAHWE; Legematerial, evtl. Karten und Stifte, helle Kartonscheiben, Glassteine, Goldstaub

ERLEBNISGESTALT

In einem Lied unser Dasein besingen und Bewegungen erfinden

Text und Melodie: Hanni Neubauer

Sich mit Hilfe eines Seiles versammeln

❍ Die Gruppe verbindet sich über ein Seil. Wir reichen seinen Anfang im Kreis weiter, bis alle Kinder einen Platz daran gefunden haben.

❍ Anfang und Ende werden verknüpft.
Wir
- lassen es durch die Hände laufen,
- heben und senken es,
- atmen beim Heben ein und beim Senken aus,
- spüren die Spannung im Seil, in der Gruppe, entspannen wieder,
- halten uns daran fest, spüren den Halt,
- wissen uns getragen durch die Gruppe und ihren Zusammenhalt.

❍ Das Seil wird abgelegt und rund geformt. Ein Gruppenmitglied wird beim Namen gerufen, um an das Seil zu treten. Es darf das Seil nicht übertreten. Das Seil ist die Grenze zum inneren Raum des Kreises, die wir achten wollen. L kann etwa leise rufen: „Alina! Komm! ...... Bleib stehen!“

❍ Das gerufene Kind nennt einen weiteren Namen, fordert ebenfalls zum Stehen bleiben auf. Jedes Kind wird auf diese Weise einmal zum Gerufenen und zum Rufenden.

❍ Die Gruppe kann miteinander überlegen, warum wir manchmal beim Namen gerufen werden und was es mit dieser Grenze und dem Raum in der Mitte auf sich haben mag.

Eine Wüstenlandschaft gestalten

❍ Wir füllen die Mitte mit der Farbe der Wüste. Die Kinder
- assoziieren zur Farbe,
- lassen pantomimisch Sand durch die Finger rieseln,
- erzählen leibhaft vom Leben in der Wüste, von Hitze und Kälte,
- u. v. a.

❍ In einem Sprechvers bündeln sich die Ideen der Kinder:

Sand, Sand, nichts als Sand,
Wüste, Wüste, Wüstenland.
Schau, die Sonne scheint so heiß!

Sand, Sand, nichts als Sand,
Wüste, Wüste, Wüstenland.
Hör’, die Stille ist so leis’!

❍ Während des Sprechens ziehen die Gruppenmitglieder wie Wüstenwanderer um das Mittebild. Dazwischen werden größere Kinder davon erzählen, wie sie sich das Wüstenleben vorstellen und die Übertragung auf eine symbolische Bedeutung des Bildes von Wüste herstellen.
Für jüngere Kinder kann dies L aussprechen: Es gibt Zeiten im Leben, da fühlen sich Menschen wie in einer Wüste, obwohl sie nicht dort leben. Sie sagen: Mein Herz ist leer und einsam. Mein Leben ist eine Durststrecke. Ich habe Durst nach Glück und Fröhlichkeit. Aber ich fühle mich ausgebrannt, kraftlos, müde und matt. Ich weiß nicht mehr weiter. Ich sehne mich nach einer erhellenden Idee, einem guten Gedanken, einer plötzlichen Eingebung, die weiterhilft.

Not zur Sprache bringen

❍ Wir geben Dornenzweige (von Brombeerstrauch, Schlehe, Stachelbeere oder Buschrose) von Kind zu Kind, ohne einander zu verletzen. Dabei muss auf Behutsamkeit geachtet werden. Dornen können verletzen, abweisen, zerkratzen, Leben ersticken.

❍ L gibt den Impuls, nach einer kurzen Stille, die Zweige in das Wüstenbild zu bringen. Die innerste Mitte soll frei bleiben.
Dabei können die Kinder eigene oder fremde Dornenerfahrungen zur Sprache bringen. Indem sie ein Teelicht entzünden und dazu stellen, wird der Wunsch nach Heilung und Erlösung visualisiert.
Von L verlangt dieses Ritual große Achtsamkeit. Kinder, die nicht sprechen wollen, dürfen Zweig und Licht schweigend ablegen. Das Lied „Gott, du hörst mein Rufen“ (siehe S. 10) kann das Tun begleiten.

Von Jahwe, dem ICH BIN DA hören (Ex 3, 1–18)

❍ Aus einer Kinder- oder aus der Schulbibel wird der entsprechende Text gelesen oder in Anlehnung an die Einheitsübersetzung erzählt.

ERZÄHLVORSCHLAG

Mose ist ein Hirte geworden. Er will die Schafe an einen neuen Weideplatz führen. Sein Weg führt durch die Wüste. Mose spürt die Stille und Einsamkeit. Er sieht schon den Gottesberg Horeb. Sein Weg ist nicht mehr weit, dann ist er am Ziel. Die Hitze wird schier unerträglich. Er kauert sich unter einen Felsvorsprung und blickt um sich.

Da entdeckt er, dass nicht weit von ihm ein Dornbusch aufflammt. So etwas kommt manchmal vor, wenn die Früchte in der Sonnenglut Öl ausschwitzen, das sich in der Hitze entzündet. Doch dieser verbrennt nicht. Mose ist neugierig. Er steht auf und geht, um die seltsame Erscheinung aus der Nähe zu betrachten.
Plötzlich spürt Mose in seinem Herzen eine Flamme, ein Licht, das viel heller leuchtet als der Dornstrauch. Er hört seinen Namen rufen, außen und innen. Was ist das für eine große Stimme? Sie sagt: „Mose, Mose!" Er antwortet: „Hier bin ich." Er hört, wie die Stimme weiter redet: „Bleib stehen. Komm nicht näher heran. Leg deine Schuhe ab; denn der Ort, auf dem du stehst, ist heiliger Boden. Denn ICH bin hier, der Gott Abrahams, Isaaks und Jakobs."

❍ Die Kinder können, gleich Mose, ihre Schuhe ausziehen, sich verneigen und ruhig zum Platz in der Mitte kommen. Sie lassen sich am Boden nieder und schließen die Augen.

Mose bedeckt sein Gesicht. Er spürt, dass Gott ihm ganz nahe ist. Er ist ganz Ohr und hört: „Ich habe das Elend meines Volkes gesehen und seine laute Klage vernommen. Ich will bei ihm sein und es heraus führen. Ich will mein Volk der Hand der Ägypter entreißen. In ein schönes, weites Land will ich es führen, in ein Land, das von Milch und Honig trieft.
Dich, Mose, sende ich zum Pharao. Geh und führe mein Volk in die Freiheit."
Mose weicht zurück. Die Aufgabe ist schwer, viel zu schwer für ihn. Doch Gott spricht weiter: „Ich werde bei dir sein! Zu den Hebräern aber sage: der Gott eurer Väter schickt mich. Sein Name lautet ICH BIN DA. Dir, Mose, habe ich meinen Namen genannt auf ewig, denn ich werde bei den Menschen sein alle Zeit."

❍ L zündet eine große Kerze an und stellt sie in die Mitte der Dornen.
Sie trägt den Namenszug JAHWE, evtl. in hebräisch und die Übersetzung: ICH BIN DA.

Schließlich nimmt Mose seinen Auftrag an. Er wird von nun an nicht mehr der Hirte von Schafen sein, sondern ein Menschenhirte. Und Jahwe, der ICH BIN DA, wird bei ihm sein.

❍ Ältere Kinder und Jugendliche besingen die Zusage Jahwe's mit dem Lied „Ich bin der Ich-bin-da" aus: „Weil du mich so magst" Rechte bei KIMU/ Kindermusikverlag, 42555 Velbert. Jüngere Kinder können singen:

Text und Melodie: Hanni Neubauer
Textveränderung: Margot Eder

Wir gestalten und vertiefen, was erlebt wurde

❍ Die Vertiefung der biblischen Erzählung und deren Deutung kann auf verschiedene Weisen vollzogen werden:

- Jedes Kind gestaltet an den Rand der Wüste ein persönliches Zeichen im Vertrauen auf den ICH BIN DA.
- Die Einzelnen überlegen, welchen Auftrag Gott ihnen übertragen will, welche Aufgabe sie in ihrem Leben erfüllen sollen und gestalten dafür ein individuelles Bild.
- Die Besinnung auf den persönlichen Auftrag kann in einem Text oder Gebet, auf eine schöne Karte geschrieben, zum Ausdruck kommen.
- Im Rahmen des Unterrichts oder der interkulturellen und interreligiösen Erziehung bietet sich das Gestalten des Gottesnamens an. Auf eine runde helle Scheibe werden die Schriftzeichen gemalt. Mit Goldstiften, Kleber, feinen Glassteinchen, Goldstaub u. ä. wird der Name Gottes kostbar geschmückt.

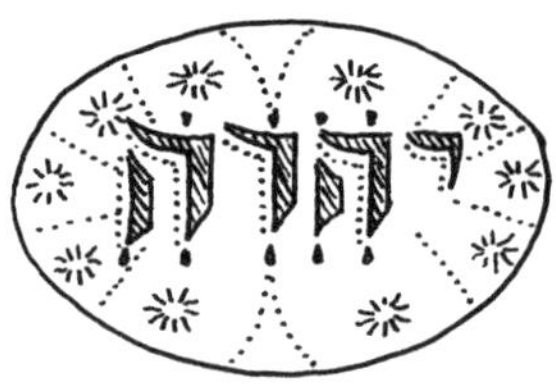

- Im Singen

Text und Melodie: Walter Liehmann

WER IST STÄRKER?

ÜBERLEGUNGEN

Die vorliegende alttestamentliche Erzählung übt eine Faszination auf den Leser aus, aber auch schmerzliche Fragen nach dem Gottesbild werden wach. Sie handelt von den ägyptischen Plagen. Sie erzählt von Gott und Mose einerseits und vom Pharao andererseits. Dargestellt wird die Macht Jahwes, des Herrn. Im Fortgang der Erzählung folgt eine Grausamkeit der anderen – und das Volk der Ägypter erleidet sie. Aber alles Leid bringt keine Freiheit für die versklavten Hebräer. Das Herz des Pharao bleibt hart.
Was ist das für ein Gott, der diese Plagen nicht nur zulässt, sondern sie sogar heraufbeschwört? Sollten wir eine solche Geschichte Kindern erzählen? Dies wird jede/r Erziehende im Blick auf die Lebenssituation und das Umfeld, auf Alter und Reife der Kinder verantwortungsvoll entscheiden müssen. In der Schule und in Jugendgruppen führt sie oft zu Diskussionen.
Die menschliche Frage aber, die hinter dem Ringen Jahwes mit dem Pharao steckt, kennen alle Kinder und Erwachsenen: Wer ist stärker? Unsere Antworten sind klar: der Starke besiegt den Schwachen, der Mächtige unterdrückt den Machtlosen, der Große schlägt den Kleinen.
Gottes Antwort ist eine ganz andere: ER steht auf der Seite des kleinen und schwachen, in Unterdrückung gehaltenen Volkes. ER steht auf der Seite aller Menschen, die nicht in Freiheit leben können. Dies ist sehr wohl eine Botschaft für Kinder und junge Leute. Auf dem Hintergrund heutiger politischer Ereignisse ist Gottes Antwort im Buch Exodus bereits für Kinder im Schulalter ein Anreiz zum Nachdenken, zur Diskussion, zur Gewissensbildung und zur Solidarität.
Der Kampf der Freiheit Gottes gegen die Unterdrückung des Pharao wird nicht von einem kriegslüsternen, grausamen oder menschenverachtenden Gott geführt, sondern von einem Gott, der am Leben gehinderten Menschen eine Zukunftsvision für ihr Leben gibt. Es heißt: „Mose und Aaron gingen zum Pharao und sagten: So spricht Jahwe, der Gott Israels: Lass mein Volk ziehen, damit sie mir in der Wüste ein Fest feiern können.“ (Ex 5, 1)

Für Israel ist gewiss: Jahwe ist der Stärkere, weil er den Menschen, die auf ihn vertrauen, eine Vision eingepflanzt hat. Es gibt die Hoffnung, es gibt die Freiheit und es gibt das Leben in Gottes Namen. Letztlich soll deutlich werden: Es ist die Kraft zum Zusammenhalt, die Jahwe schenkt, es ist die göttliche Hoffnungskraft, die Israel auf seinem Weg begleitet.
So weitet sich diese große Erzählung im Buch Exodus in jedes Menschenleben hinein – auch heute. Es gibt die Sklaverei. Es gibt Bedrückung, Elend und Enge, im realen wie im übertragenen Sinn. Es gibt aber auch das Herausgeführtwerden in die Befreiung, um ein Fest zu feiern, um Gott ein Fest zu feiern. Denn der Mensch ist zum Leben in Freiheit geboren!

MATERIAL
farbige Rhythmiktücher; Trommel, Klanghölzer, Steine, Becken; sandfarbene Tücher; große Kerze, Heilige Schrift; evtl. Farbkarten, Stifte; Legematerial

ERLEBNISGESTALT

Kraft spüren

❍ Farbige Rhythmiktücher werden in die Mitte des Stuhlkreises gebracht. L rollt ein Tuch zu einer Rolle zusammen, hält an einem Ende fest und übergibt einem Kind das andere Ende mit der Frage: „Bist du stark?"
Die Beiden zeigen sich gegenseitig ihre Kraft, indem jeder kurz in seine Richtung zieht.

❍ Weitere Spielvarianten für jeweils zwei bis drei Kinder sind denkbar:
- Einer zieht, allmählich stärker werdend, mit beiden Händen an der Tücherrolle – die anderen halten ihm Stand.
- Einer versucht die anderen zu sich zu ziehen, die anderen halten dagegen.
- Alle halten die Tücherrollen in ihren Händen und ziehen kräftig daran. Sie vereinbaren, wer von ihnen blitzschnell loslassen darf. Die anderen müssen zusehen, dass die eingesetzte Kraft sie nicht aus dem Gleichgewicht bringt.

❍ Die Tuchrollen werden kreisförmig auf dem Boden abgelegt, sodass sie einander berühren.
Die Gruppenmitglieder äußern sich zu den erlebten Kraftspielen. Im Gespräch leitet L dazu an, den aktuellen Bezug des Spiels zum Leben der Kinder herzustellen. Die Frage, welche Unterschiede den Kindern zwischen Spiel und Realität auffallen, wird Gespräche und Nachdenklichkeit fördern.

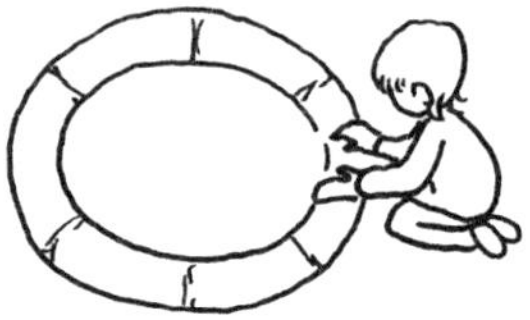

Eingeengt sein – befreit werden

❍ Die Gruppe teilt sich auf. Ein Teil begibt sich in der Mitte auf den Boden. Die anderen stellen sich im Raum verteilt auf.

❍ L entwickelt mit den Kindern zusammen durch verschiedene Impulse einen Bewegungsablauf, der einen Befreiungsprozess nachempfinden lässt. Einige Möglichkeiten sind:

- Die verteilt stehenden Kinder gehen rhythmisch aufeinander zu, bilden schließlich mit den Händen einen Kreis.
- Die Kinder in der Mitte stehen auf – tauschen sich aus: Wie ist es, wenn die anderen näher kommen?
- Der Außenkreis geht rhythmisch, mit Begleitung durch Trommelschläge, Steine, Klanghölzer, immer enger in die Mitte und bildet eine Art Mauer.
- Die Kinder im Innenkreis setzen sich, beraten sich: Wie geht es uns? Ist das bedrohlich? Was können wir tun?
- Eine Weile verharren alle im Erleben der Enge und der Bedrohung.
- Ein nochmaliger Austausch ist sinnvoll: Was sollen wir jetzt machen? Was kann helfen? Verschiedene Lösungsstrategien werden gesucht, z. B. kitzeln, verhandeln, überreden, auseinander reißen, dreinschlagen, austricksen – einige auch ausprobiert.

- In die Stille hinein kann L siebenmal ein Becken anschlagen und der enge Außenkreis öffnet sich mehr und mehr. Die Gruppe in der Mitte wird herausgeführt und zieht durch den ganzen Raum.
- Die Gruppen tauschen.
- Größere Kinder werden selbstständig ihre Vermutungen äußern, was hier gespielt, nacherlebt wurde und wie die Geschichte weitergehen könnte.

❍ Ein Lied eröffnet einen Ausblick:

Text: Sr. Esther Kaufmann
Melodie: Franz Mitterreiter

❍ Mit den bunten „Kraft – Tüchern“ schmücken wir uns für das Fest.

Die Verheißung Jahwes hören

❍ Die Gruppe verbindet sich noch einmal mit den Händen und singt im Gehen das obige Lied. Wir überlegen, wo, wann und wie das Fest stattfinden könnte. Die Frage wird auch sein, wer dieses Fest feiern will.

❍ Hellbraune oder sandfarbene Tücher werden im Kreis gegeben, die Farbe wahrgenommen, in der Mitte ausgebreitet und eingerundet. Die Erinnerung an das Bild der Wüste, an die heiße Sonne, den Sand wird aufgegriffen und pantomimisch gespielt.
Danach schließen die Kinder ihre Augen und machen sich ein inneres Bild.

❍ L führt in eine Imagination:
Du siehst vor dir, wie sich die Wüste ausbreitet.
Du spürst den Sand unter den Füßen.
Du siehst, wie der Sand die ganze Landschaft gestaltet.
Du hörst die Stille der Wüste.
Du gehst in die Wüste hinein, Schritt für Schritt.
Du kommst zu einem Hügel. Du hörst etwas. Da klingen Musik und Gesang. Du riechst etwas. Es duftet nach gutem Essen.
Du steigst auf den Hügel und siehst, was du hörst und riechst:
Menschen feiern ein Fest inmitten der Wüste – und du bist eingeladen.

❍ Die ICH BIN DA – Kerze wird angezündet und zusammen mit der Heiligen Schrift in den Kreis gebracht. Wir lesen, was im Buch Exodus (Ex 5, 1) geschrieben steht:

Da ging Mose zum Pharao und sagte: So spricht Jahwe, der Gott Israels: Lass mein Volk ziehen, damit sie mir in der Wüste ein Fest feiern können.

Von Gottes Ringen mit dem Pharao hören (Ex 7, 1 – 10, 29)

❍ Die Gruppe wiederholt, was sie bereits von Mose und seinem Weg mit Gott weiß. Das bisherige Wissen, aber auch manch tiefe religiöse Erfahrung kann zur Sprache kommen und sich festigen.

❍ Aus einer Kinder- oder aus der Schulbibel wird der entsprechende Text in Auszügen gelesen oder in Anlehnung an die Einheitsübersetzung erzählt.

❍ Mit dumpf klingenden Rhythmusinstrumenten wie Trommel, Holzstäben, Steinen wird die Erzählung von den Plagen der Ägypter begleitet. Sind keine Instrumente vorhanden, stampfen wir mit den Füßen. Bei größeren Kindern kann die Lautstärke von Plage zu Plage zunehmen.

❍ Der Satz: „DOCH DAS HERZ DES PHARAO BLEIBT HART!“ wird bei jeder Plage wiederholt. Dazu können die Kinder, die keine Instrumente haben, ihre Fäuste ballen und die Arme vor der Brust überkreuzen.

ERZÄHLVORSCHLAG

Mose und die Hebräer sind in Ägypten. Der Pharao unterdrückt das Volk. Jahwe hat zu Mose gesprochen. Er hat ihn zum Pharao gesandt. Mose soll dem Pharao diese Gottesworte sagen: „Lass mein Volk und alle Sklaven frei, entlasse sie aus ihrer Knechtschaft; lass sie ziehen, damit sie mir in der Wüste ein Fest feiern können!“ Doch das Herz des Pharao bleibt hart! Er lässt die Sklaven nicht frei, die Hebräer nicht gehen.

Jahwe aber hat die Not der Menschen gesehen und nimmt den Kampf mit dem Pharao auf. Jahwe ist ein Gott der Freiheit und Gerechtigkeit für alle Menschen. Die Unterdrückung muss ein Ende haben. So kommt großes Leid über das Volk der Unterdrücker und den Pharao:
Das Wasser des Nils verwandelt sich in Blut. Niemand kann mehr davon trinken. Der Pharao lacht: „Das können meine Wahrsager auch.“ Und das Herz des Pharao bleibt hart! (**Instrumente und Körpersprache**)
Frösche kriechen aus den Gewässern herauf in die Häuser des ganzen Landes. Der Pharao bittet um Befreiung von dem Ekel, und die Frösche bleiben aus. Doch das Herz des Pharao bleibt hart! (**Instrumente und Körpersprache**)

Stechmücken fallen herein über das Land und den Pharao, über alle Menschen und Tiere Ägyptens. Der Pharao bittet Mose um Erlösung aus der Plage und Jahwe erfüllt die Bitte. Doch das Herz des Pharao bleibt hart! (**Instrumente und Körpersprache**)

Eine Seuche kommt über das Land. Die Tiere der Ägypter werden krank, die Tiere der Hebräer bleiben gesund. Doch das Herz des Pharao bleibt hart! (**Instrumente und Körpersprache**)
Auch die Menschen werden krank mit Geschwüren und Schmerzen. Doch das Herz des Pharao bleibt hart! (**Instrumente und Körpersprache**)

Immer wieder spricht Jahwe durch Mose zum Pharao: „Lass mein Volk ziehen, denn es soll frei sein, mich anzubeten und mit mir zu feiern. Ich will nicht deinen Untergang. Ich will die Freiheit für mein Volk." Immer wieder beendet er die Plage und das Leid, aber der Pharao bleibt hart.

Aus dunklen Wolken geht ein schwerer Hagelschauer nieder. Er zerstört das Land. Doch das Herz des Pharao bleibt hart! (**Instrumente und Körpersprache**)

Heuschreckenschwärme überziehen Ägypten, die Häuser, die Felder, die Gärten. Sie fressen alles auf, was der Hagel nicht zerstört hat. Da bittet der Pharao Mose und Jahwe um Verzeihung und verspricht den Hebräern die Freiheit. Der Westwind treibt die Heuschrecken fort. Doch das Herz des Pharao bleibt hart! (**Instrumente und Körpersprache**)

Schließlich kommt eine große Finsternis über das Land. Dunkelheit legt sich über Ägypten, drei Tage lang. Wo aber die Israeliten wohnen, ist es hell.

So ringt Jahwe um sein Volk und Mose ist sein Bote. Mose sieht es und das ganze Volk der Israeliten. Es wächst eine große Hoffnung und Gewissheit in ihren Herzen: Unser Gott lässt uns nicht im Stich. Gott ist da zu jeder Zeit.

Wir lassen die Erzählung ausklingen

❍ Ältere Kinder schreiben auf schöne Farbkarten, was sie an dieser Erzählung beeindruckt hat, wo sie Gottes Stärke spüren oder wofür sie Gottes Hilfe erbitten. Die bunten Karten werden als Hoffnungszeichen auf die Wüstenfarbe gelegt und evtl. mit feinem Legematerial verziert.

❍ Jüngere Kinder gestalten mit Legematerial auf dem Wüstenschauplatz festliche und farbenfrohe Zeichen und tanzen im Reigen zum Lied vom Befreiungsfest (siehe S. 41) um das Wüstenbild.

AUFBRUCH IN DIE FREIHEIT

ÜBERLEGUNGEN

Die Geschichte des Auszugs aus Ägypten ist eine der wichtigsten Erzählungen, in denen das Volk Israel seinen Glauben begründet. Jahwe fordert nicht Gehorsam und Unterwerfung, wie die Gottheiten der anderen Völker. Gott ist der, der sich als Befreier und Lebensspender erweist. Die Juden gedenken des Auszugs bis heute an einem ihrer großen Feste, dem Pessahmahl, das in der Familie nach einem genauen Ritus gefeiert wird. In der christlichen Osterliturgie wird der Auszug aus Ägypten als zweite Lesung gelesen.
Im Rahmen interreligiöser Erziehung wird es gut sein, mit den Kindern über dieses jüdische Fest ausführlich zu sprechen. Am Besten wäre es, mit einem Juden oder einer Jüdin ins Gespräch zu kommen. Dies gilt sowohl für den Unterricht als auch für den Kindergarten.
In unserer folgenden Einheit werden wir darauf verzichten, das Pessahmahl zu feiern. Wir sehen in der Feier des Pessah eine im Laufe der Jahrtausende gewachsene Liturgie, die wir aus Ehrfurcht vor der jüdischen Religion nicht einfach „nachspielen“ dürfen. Nähere Informationen für Kinder zur Pessahfeier und zum Judentum finden sich bei Georg Schwickart, Kinderlexikon der Religionen. Patmosverlag und bei Noemi Staszewski, Mona und der alte Mann. Patmos.
Die Erzählung vom Auszug aus Ägypten bis hin zum Durchzug durch das Rote Meer gehört ursprünglich zu den Wurzeln unseres christlichen Glaubens. Auf ganzheitliche Weise wollen wir davon erzählen.
Die Botschaft im Buch Exodus scheint sehr einfach und klar: Halte dich an Gott und geh. Für dieses Festhalten an Gott verwendet der biblische Mensch das Bild des Stabes. Im Psalm 23 heißt es: „Dein Stock und dein Stab geben mir Zuversicht.“ Es ist der Stab des guten Hirten. Mose musste lernen, ein Hirte zu werden. Auf vielerlei Weise musste er lernen, mit dem Stab umzugehen zum Heil seines Volkes. In Jesus begegnen uns Stab und Hirte wieder. Und immer wird darauf hingewiesen, dass Gott es ist, der als Hirte die Menschen begleiten möchte. Vom äußeren Bild des Stabes kommen wir zu einem symbolhaften, ja sogar zu einem Gottes – Bild.
Ein weiteres, ein „inwendiges“ Bild des Stabes drängt sich uns auf. Es befindet sich im Menschen. Es ist sein Rückgrat. Im Gegensatz zu vielen Tieren, die aus ihrem Schutz, der ihnen Halt gibt, dem Chitinpanzer oder der Schlangenhaut herauswachsen, wächst die Wirbelsäule des Menschen mit und gibt immer Halt. Der Mensch muss nicht aus der „Haut fahren“ um wachsen zu können und einen neuen Halt für sein Leben zu finden. Der aufrechte Stab gleichsam, sein Rückgrat, hält ihn vom Anfang seines Lebens bis zu seinem Ende. Er hält treu zu ihm. Ein schönes Bild für Gott, wie wir finden. Der ICH BIN DA gibt inneren Halt, der Mensch kann an ihm festhalten, sich entwickeln und Gott begleitet ihn. Ja er will, dass die Menschen ins Land der Fülle kommen.

MATERIAL
ein Hirtenstab; Brot, evtl. kaltes Fleisch, Kräuter, Saft; rote Tücher in der Anzahl der Kinder; Heilige Schrift, große Kerze

ERLEBNISGESTALT

Wir finden zusammen mit Hilfe eines Stabes

❍ Ein starker, langer Haselnussstock wird gezeigt. L bringt ihn zu einem Kind, klopft damit dreimal auf den Boden und fordert das Kind auf, ebenfalls den Stab zu halten. Gemeinsam drehen beide den Stock in die Horizontale und gehen damit durch den Raum zu einem nächsten Kind. Ein Sprechvers oder ein Ruf unterstützt das Spiel.

Text: Monika Mehringer
Melodie: überliefert

❍ Nach und nach werden alle Kinder abgeholt und gehen miteinander im Kreis, indem sie zusammen den Stock halten. In einer kurzen Stille spüren sie den Zusammenhalt. Ältere Kinder fassen ins Wort, was das Erlebte für sie bedeutet.

Dem Stab begegnen

❍ Der Stab wird von einem zum nächsten Kind gereicht. Jedes schaut ihn an, hält ihn, kann pantomimisch zeigen, woran es der Stock erinnert, z. B.:
- Stockbrot,
- Wanderstock,
- Zeigestab etc.

❍ In Gespräch und Spiel kann die Gruppe äußern, wozu der Stock gebraucht werden kann. Man kann mit ihm auf etwas zeigen, etwas herholen, eine Schranke machen oder Tiere leiten. Manchmal wird ein Stock missbraucht. Man kann damit schlagen, prügeln, verletzen.

❍ Am Schluss finden sich alle noch einmal am Stab ein. In einer kurzen Stille schließen die Kinder die Augen, sehen gleichsam vor ihrem inneren Auge die verbundene Gruppe und darüber hinaus Menschen, mit denen sie sich verbunden fühlen, z. B. Eltern, Geschwister, Freunde. Sie und alle Menschen leben vom Zusammenhalt.

❍ Wir suchen für den Stock verschiedene Namen und sinnen ihrer Bedeutung nach.

Der Stab gibt Stütze und Halt

❍ Die Gruppe stellt sich im Raum auf. In einer Körperübung spüren wir unsere Wirbelsäule. Wir richten uns entlang unserer Wirbelsäule auf wie an einem Stab. Sie ist wie ein Stock, der unseren Körper hält. Das Rückgrat hilft uns, aufrecht zu stehen. Es hält den Kopf oben. Es hält uns aufrecht.

Es stützt uns. Dadurch können wir aufgerichtet stehen. Dadurch können wir uns erhoben durch den Raum bewegen, über die Dinge blicken, Überblick haben.

❍ Wenn das Rückgrat schwach geworden ist, brauchen Menschen eine andere Stütze, einen Stab. Die Kinder tauschen sich darüber aus.

❍ Jeder darf sich einmal mit gekrümmtem Rücken auf den Stab stützen, sich daran langsam aufrichten, aufrecht und gestützt fest stehen.

Menschen geben Stütze und Halt

❍ Die Kinder stellen sich paarweise mit dem Rücken aneinander, so dass jedes sich selbst hält und doch das andere spürt. Dann verlagern sie leicht ihr Gewicht auf den Partner und lassen sich von ihm stützen. So erleben sie Halt und geben sie Halt.

❍ Die Gruppe kann in Worte fassen, was dieses Erleben bedeutet, ob es für sie Menschen gibt, die halten, stützen, tragen.

Von Jahwe hören, der sein Volk nicht verlässt (Ex 12, 1 – 15, 21)

❍ Die Gruppe wiederholt bei Bedarf, was bisher von der Exoduserzählung bekannt ist, in Erfahrung gebracht wurde. Ein Kind hält den Stab in der Hand. Die große Kerze wird angezündet.

❍ Aus einer Kinder- oder aus der Schulbibel wird der entsprechende Text in Auszügen gelesen oder in Anlehnung an die Einheitsübersetzung erzählt.

ERZÄHLVORSCHLAG

Ein letztes Mal spricht Mose zum Pharao: „Lass mein Volk ziehen und dein Volk wird verschont. Unser Gott will euer Elend nicht." Doch der Pharao lässt Mose aus seinem Palast vertreiben. Niemals will er die Hebräer in die Freiheit entlassen, nicht einmal, wenn der Tod über Ägypten kommen sollte. Er will stärker sein. Er will Gott sein.
Doch Jahwe verlässt sein Volk nicht. Er ist da. Er stützt, die sich auf ihn verlassen. Die Hebräer und alle Armen und Verfolgten des Landes Ägypten, die in die Freiheit ziehen wollen, sollen ein Zeichen setzen.
So befiehlt ihnen Mose: „Haltet ein Abschiedsmahl! Bestreicht eure Türpfosten mit dem Blut der geschlachteten Tiere! Esst Fleisch, Kräuter und Brot. Trinkt kräftigen Wein! Esst im Stehen, damit wir sofort aufbrechen können, wenn uns der Pharao ziehen lässt!"

❍ Die Kinder holen Brot, evtl. kaltes Fleisch, Kräuter, Saft und teilen es miteinander. Sie schmücken sich mit einem roten Tuch als Freiheitszeichen. Gemeinsam überlegen sie, was eingepackt werden muss, und so, zum Aufbruch bereit, essen sie miteinander.

In dieser Nacht stirbt der Sohn des Pharao und alle Erstgeborenen der Ägypter. Großes Leid kommt über das Land. Endlich lässt der Pharao Mose mit seinem Volk ziehen. Der Traum der Hebräer wird wahr. Der Traum Jahwes für die Menschen wird möglich.

Refrain

Text: Alois Albrecht; Melodie: Peter Janssens aus: „Wir haben einen Traum", 1972

❍ Mit Kerze und Stab zieht die Gruppe singend durch den Raum. Schließlich lassen sich alle in der Mitte nieder.

Die Israeliten ziehen in eine neue Zukunft. Jahwe wirkt das Wunder der Befreiung. Der ICH BIN DA zieht vor ihnen her, bei Tag und Nacht.
Doch wieder hält der Pharao sein Wort nicht. Er lässt die Streitwagen anspannen und nimmt seine Reiter mit. Die Ägypter jagen mit allen Pferden und Streitwagen des Pharao hinter den Hebräern her und holen sie ein, als sie am Meer lagern.
Voller Angst schreien die Hebräer zu Mose: „Was hast du uns da angetan? Warum hast du uns aus Ägypten herausgeführt? Es ist besser als Sklaven zu leben, als hier in der Wüste zu sterben." Mose aber sagt zum Volk: „Fürchtet euch nicht! Schaut, wie der Herr euch heute rettet."
Jahwe spricht zu Mose: „Halte deinen Stab hoch, streck deine Hand über das Meer. Dann zieht auf trockenem Boden durch das Meer hindurch. Ich zeige euch den Weg." Und so geschieht es.
Obwohl der Pharao die Macht Jahwes sieht, hört er nicht auf, die Israeliten zu verfolgen. Er reitet mit seinen Wagen und Reitern mitten ins Meer. Das Wasser aber kehrt zurück und bedeckt den Pharao und all seine Reiter. So rettet der Herr an jenem Tag Israel aus der Hand der Ägypter.
Die Israeliten singen Jahwe dieses Lied: Singt dem Herrn ein neues Lied, denn er ist hoch und erhaben! Rosse und Wagen warf er ins Meer.

Die Erzählung ausklingen lassen

❍ Singend geht die Gruppe mit gefassten Händen einen Spiralweg nach außen. Die Tücher werden abgenommen und miteinander verknüpft, wie vorher die Hände verbunden waren. Zuletzt knüpfen wir am Stab an, der zusammen mit der Kerze vorangetragen wurde. Die Tücherspirale wird auf dem Boden abgelegt. Stab und Kerze liegen am offenen Ende.

❍ Mit Lied, Tanz und Gebet zieht die Gruppe aus der Spirale und schließt die Gestaltung ab. Als Gesang eignet sich „Kommt herbei, singt dem Herrn", Gotteslob Nr. 270 (Tanzvorschlag in RPP 2002/4, S. 4).

Mächtiger und starker Gott.
Du bist der, der befreit zum Leben.
Zeige den Weg, geh uns voran. Zeige uns, wohin wir gehen sollen.
Gib uns das Vertrauen, dass wir dir unbeirrt folgen.
Denn du führst uns in das Land, in dem Milch und Honig fließen. Amen.

DURCH DIE WÜSTE GEFÜHRT

ÜBERLEGUNGEN

Ein uns Menschen zutiefst bekanntes Phänomen begegnet den Lesern von Kapitel 16 und 17 des Buches Exodus. Wenn die Freude der Befreiung nachlässt, der Alltag einkehrt, sehnt man sich zurück nach dem, was man verlassen hat. Man zweifelt, grübelt, hadert mit dem Schicksal, murrt.
Doch Jahwe und Mose, sein Bote, bleiben auch den murrenden Menschen treu. Gott bleibt der Rettende, selbst wenn die Menschen sich abwenden und ihm davonlaufen möchten. In diesem Exodustext leuchtet ein tröstliches Gottesbild auf, das Kindern und Jugendlichen Mut macht, ihr Leben in die Hand zu nehmen, nicht aufzugeben in schier ausweglosen Situationen. Es verstärkt eine Basis des Vertrauens, auf der sich Zukunft aufbauen lässt.
In kindgemäßen Vollzügen möchten wir im Folgenden diesem Gottesbild nahe kommen, indem einfache und schwere Wege bedacht werden, die Identifikation mit dem wandernden Volk Israel gesucht wird, eigene Erlebnisse zum Tragen kommen, Raum ist für Klage und Zweifel, Brot und „nährende Worte" geteilt werden und in all dem Gott spürbar werden kann als ICH BIN DA.

MATERIAL

Seile, Legematerial; evtl. Wortkarten und Stifte; sandfarbene Tücher; Tücher in allen Farben zum Verkleiden; Heilige Schrift, große Kerze; Mosestab mit Brotbeutel

ERLEBNISGESTALT

Wir versammeln uns mit einem Spiel

❍ Im Kreis der Gruppe oder Klasse stellen wir unsere Füße bewusst auf den Boden. Wir betrachten sie und tauschen uns darüber aus. Jeden Tag tragen sie uns viele Schritte von zuhause in die Schule, in den Kindergarten, zum Spielplatz, zum Fußballspiel, zu Freunden usw.

❍ Nacheinander tippen die Gruppenmitglieder zuerst mit dem linken Fuß, dann mit dem rechten Fuß auf den Boden, bis die Bewegung einmal die Runde gemacht hat. Je nach Alter und Bewegungsdrang der Kinder wird die Richtung gewechselt, die Geschwindigkeit erhöht und die Koordinationsfähigkeit gesteigert.

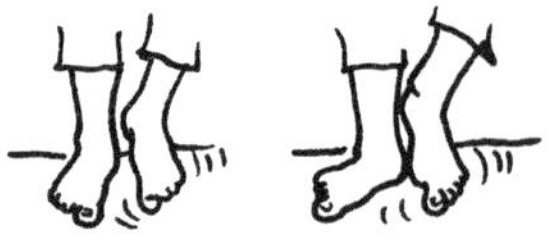

❍ In einer weiteren Runde tippt der linke Fuß auf den Boden und der rechte bewegt sich in Richtung rechtem Nachbarn, sodass sich schließlich der Kreis schließt.

Wege gehen

❍ Ein Kind wird aufgefordert, einen Weg durch den Raum zu gehen. Es kann verschiedene Weisen wählen, z. B. schnell, langsam, ängstlich, mutig, gebeugt, aufrecht, müde, entspannt usw.
Die Kinder im Kreis teilen danach ihre Beobachtungen und Vermutungen mit.

❍ In einer Imagination träumen die Kinder von einem schwierigen Weg.
Es ist früh am Morgen. Du musst fort gehen.
Zuerst ist der Weg flach und breit.
Du kannst ihn zügig und bequem beschreiten.
Du schaust zum Wegrand und hörst die Vögel pfeifen.
Vielleicht möchtest du auch singen.
Dann wird dein Weg steiniger und enger.
Du musst darauf achten, wohin du trittst, damit du nicht stolperst.
Mühsam setzt du Schritt für Schritt.
Eine Wegbiegung liegt vor dir.
Hoffentlich liegt dahinter gleich das Ziel!
Aber nach der Kurve tut sich eine neue Biegung auf, die dir die Sicht versperrt.
Du wirst mutlos, die Kraft lässt nach.
Du fragst dich: Wie weit noch? Lohnt sich der Weg überhaupt?
– kurze Stille –
Was wünschst du dir jetzt?

❍ Aus Seilen und frei gewählten Legematerialien gestaltet jedes Kind seinen individuellen Weg und seinen Wunsch aus der Imagination. Größere Kinder können ihre Wünsche auch auf Wortkarten schreiben und auf einen Seilweg legen.

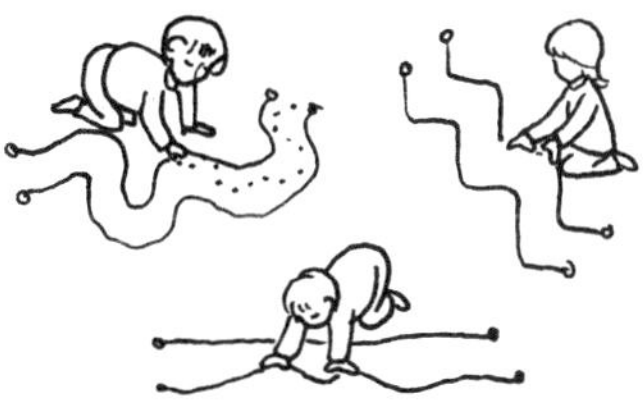

❍ Die Wünsche können im Gespräch benannt, ausgetauscht werden. Kommt darin auch die Sehnsucht nach einer Begleitung durch Gott zum Ausdruck, fassen wir diese in einem Lied.

Text: Franz Kett
Melodie: Spannenlanger Hansl

Einen Schauplatz bereiten

❍ Mit Seilen werden die einzelnen Wegstücke der Kinder verbunden. Die Zwischenräume füllen wir mit sandfarbenen Tüchern. Das Bild möchte uns zur Geschichte des Volkes Israel führen.

❍ Gemeinsam erinnern wir uns, was bisher in den Erzählungen des Buches Exodus geschah. Während der Wiederholung wird der Stab des Mose in den Kreis gebracht. Die roten „Freiheitstücher" aus der letzten Einheit und weitere bunte Tücher können von der Gruppe ausgewählt werden, um sich für den weiten Weg durch die Wüste zu rüsten. So gekleidet hören und spielen wir die Fortsetzung der Geschichte.

Ein Kind hält den Stab mit einem daran festgebundenen Brotbeutel in der Hand. Die große Kerze wird angezündet und im Lauf der Erzählung in die Mitte gestellt.

Erzählen, wie Gott für sein Volk sorgt (Ex 16, 1 – 17, 16)

❍ Aus einer Kinder- oder aus der Schulbibel wird der entsprechende Text in Auszügen gelesen oder in Anlehnung an die Einheitsübersetzung erzählt.

ERZÄHLVORSCHLAG

Die Flucht aus Ägypten ist gelungen. Die Hebräer sind frei. Sie spüren: Jahwe geht mit uns.

Text: Margot Eder
Melodie: Hans Eder

Doch der Weg ist beschwerlich und lang. Vor ihnen liegt die schier unendliche Wüste. Die Sonne brennt herab. Der Durst ist groß. Das Singen ist ihnen vergangen. Die Freiheit macht keine Freude mehr. Mose macht seinem Volk Mut: „Nehmt eure Kraft zusammen. Wir wollen doch vorwärts kommen. Gott geht uns voran, er zeigt uns den Weg!"
Doch das Volk murrt: „Wohin denn? Wie weit noch? Bis zum Horizont nur Wüste!"

❍ Die Kinder formulieren Klagen des Volkes. Dazwischen können sie rhythmisch sprechen, z. B.:
Wir ziehen durch die Wüste. Ja, der Weg ist weit!
Wir spür'n die heiße Sonne und die Trockenheit.

Die Kinder jammern, die Alten werden ganz still und die Familienväter beschweren sich bei Mose: „Wir wollen und können nicht mehr! Das hat doch keinen Sinn! Rundherum nur Wüste, weit und breit kein Wasser! Unsere Vorräte gehen zu Ende. Unsere Kraft ist am Ende. Wir gehen im Kreis! Wären wir doch in Ägypten geblieben! Da hätten wir wenigstens etwas zu essen."
Immer wieder macht Mose ihnen Mut. Immer wieder verlässt sie der Mut. Immer wieder murren sie: „Wo ist nun dein Gott? Warum hilft er uns nicht? Wir müssen hier zugrunde gehen!"
Immer wieder betet Mose: „Gott, Jahwe! Dein Name ist: ICH BIN DA. Zeig uns, dass du da bist. Gib uns Kraft und Vertrauen, unseren Weg zu gehen. Hilf mir, das Volk zu führen, auch wenn ich das Ziel nicht sehe. Lass uns nicht im Stich!"
Immer wieder sorgt Jahwe für die Menschen.

Das Volk leidet Durst. Am Lagerplatz sind große Steine. Mose legt sich in deren Schatten. Mose entdeckt: Aus den Steinen quillt frisches, klares Wasser hervor. Das Volk kann Wasser schöpfen und seinen Durst stillen.
Ein andermal rastet ein großer Schwarm Wachteln in ihrer Nähe. Man kann sie leicht fangen und alle werden satt!
Am frühen Morgen, wenn der Tau noch liegt, lässt Gott die Menschen Früchte sammeln. Sie reichen für alle. Keiner muss hungern. Die Hebräer staunen und sagen: "Man hu, was ist das?" Von da an nennen sie die Früchte Manna und spüren: „Das Manna ist wie Brot vom Himmel, geschickt von unserem Gott!"
Sogar mit Feinden haben sie zu kämpfen. Der Gottesstab gibt ihnen Stärke und Zuversicht. Und so überwinden sie selbst diese Gefahr, schlagen ihre Angreifer in die Flucht.
So sorgt Gott in der Wüste für sein Volk.

Gott sorgt auch für uns

❍ Die Kinder nehmen ihre Tücher ab, legen sie rund um die Wüstenwege und setzen sich darauf. Der Stab wird in die Mitte gebracht. Wir werden uns bewusst, dass Gott auch uns gibt, was wir zum Leben brauchen: Nahrung, Freunde, Wohnung, unseren Leib, unser Leben.

❍ Aus dem Brotbeutel holt L ein Stück Brot und reicht es mit einem entsprechenden Zuspruch einem Kind. Nacheinander empfängt und schenkt jedes Kind ein Stück Brot aus dem Beutel und ein „gutes Wort". Dabei stellen die Kinder in ihren persönlichen Formulierungen den Transfer zwischen der Geschichte Israels und ihrem eigenen Leben her.

❍ In Lob und Dank fassen wir die Erlebnisse des Volkes Israel und unsere eigenen Erfahrungen zusammen.

Text und Melodie: mündlich überliefert

GOTT GIBT LEBENSWEISUNGEN

ÜBERLEGUNGEN

Generationen von Menschen haben die Lebensweisungen für das Volk Gottes als Gebote, ja als Gesetze kennen gelernt, denen es zu gehorchen gilt. Biblisch und anthropologisch betrachtet sind sie wohl anders gemeint. Im hebräischen Text ist von „debarim“, von „Worten“ die Rede. Worte sind dynamisch und müssen immer wieder neu verinnerlicht werden.
Es hat einen tiefen Sinn, dass die Weisungen Jahwes eingeleitet werden mit dem Satz: „Ich bin der Herr, dein Gott, der dich aus Ägypten geführt hat, aus dem Sklavenhaus!“ Das Zehnwort, wie dieser Text auch genannt wird, ist durchdrungen vom Wesen Gottes, dessen Name lautet: Ich bin der ICH BIN DA. Bei aller religiösen Erziehung, bei allem katechetischen Wirken kommt es darauf an, die Menschen erfahren zu lassen, wer Gott ist. Gott hat das Volk Israel nicht aufgrund von Leistung befreit, sondern aus Liebe. Daraus ist eine Liebesbeziehung erwachsen. Die Bibel nennt das „Bund“.
Wer mit Gott im Bunde ist und in Gemeinschaft mit allen lebt, die ebenfalls mit Gott im Bunde sind, wird sich die Worte Gottes zu Herzen nehmen, wird nicht leben wie andere, die Gott nicht kennen. Er wird nicht „über Leichen gehen“, wie das fünfte Gebot sinngemäß übersetzt werden kann. Er wird aus innerer Überzeugung heraus für sich und die anderen das Lebensförderliche tun und Gott in allem die Mitte sein lassen. So werden die Zehn Gebote zu Herzensworten (Pierre Stutz).

Kinder können leicht verstehen, was es bedeutet, dass Gott sie Gutes erfahren lässt und sie deshalb fähig sind, sich nach dem Guten auszustrecken und sich und anderen das Gute zu gönnen. Eine solche Lebenshaltung erfüllt mit Freude und befreit von Zwängen.
Kinder spüren, dass sich bei der Gesetzgebung auf dem Gottesberg Geheimnis und Offenbarung ereignen. Gott zeigt sich in markanter Klarheit und bleibt gleichzeitig unergründliches Geheimnis. Ein Geheimnis, das in der Tiefe der Seele angelegt sein muss, um der Begegnung Gottes mit einem Licht des Erkennens zu antworten. Meister Eckhart nennt dies den göttlichen Keim. Eine innere Annäherung an diesen Gegensatz wird im Folgenden durch die Aussagekraft von Farben geweckt. Das tiefe Blau (des Nachthimmels) führt in die Stille, eröffnet das Geheimnisvolle. Das Orangerot (des Feuers) erzählt von Glut, Kraft und Leidenschaft. So mag im Kind, im Menschen ein Raum bereitet werden, die Herzensworte Gottes aufzunehmen.

MATERIAL

dunkelblaue Tücher, gelbes Tuch, rote, orange, gelbe Chiffontücher; Mosestab; Seile; Heilige Schrift, große Kerze; Teelichter, Legematerial in gelb, orange, rot

ERLEBNISGESTALT

Eine Farbe wirken lassen

❍ L trägt mehrere dunkelblaue Tücher zu verschiedenen Kindern. Diese nehmen sie in Empfang, äußern ihre Assoziation. Einige Impulse können gegeben werden, z. B.:
- Woran erinnert mich die Farbe?
- Was gibt es Draußen oder Drinnen, das diese Farbe trägt?
- Gibt es Gefühle, die durch die Farbe ausgelöst werden?
- Wünsche ich mir etwas dabei?
- Welcher Klang passt zu dieser Farbe?

❍ Die Tücher werden an andere Gruppenmitglieder weitergegeben, bis alle im Kreis ihre Eindrücke, Gefühle zur Sprache bringen konnten. Schließlich werden die Tücher zu einer großen Fläche ausgelegt.

Sich an den Weg des Volkes Israel erinnern

❍ Mit einem gelben Tuch wird die Mitte bezeichnet. Aus orangefarbenen, roten und gelben Chiffontüchern gestalten wir ein großes „Feuer" darauf. In der Gestik lassen wir das Feuer brennen, lodern, glimmen, Funken sprühen usw.

❍ Die Kinder führen den stummen Impuls mit eigenen Worten weiter, überlegen, wie es weitergehen wird.

❍ L fasst die Assoziationen zusammen und leitet zu den bisher gehörten Erfahrungen der Israeliten über. Der Mosestab wird in den Kreis gebracht. Jedes Kind, das einen Teil der Geschichte wiederholen möchte, darf sich den Stab holen und sprechen. Es übernimmt gleichsam in diesem Tun eine Art Führungsrolle, die ihm die Identifikation mit Mose als Führer seines Volkes ermöglicht.

❍ Dazwischen kann die Gruppe die Lieder wiederholen, die uns bisher begleitet haben oder einen neuen Liedruf einführen, wie „Geh, geh, geh den Weg, den der Herr dir zeigen wird." Text und Melodie: Waltraud Schneider, Rechte bei Herder Verlag, Freiburg

Sich mit den Menschen der Geschichte identifizieren

❍ Wir spielen mit verschiedenen Körperhaltungen, wie es den Menschen um Mose ergeht, z. B.:
- den Kopf senken
- den Rücken beugen
- die Schultern hängen lassen
- die Hände öffnen
- am Boden liegen

❍ Mit einem Seil legt L an ihrem Platz ein Herz auf den nachtblauen Untergrund. Zunächst schweigend tun die Kinder es ihr gleich. Danach tauschen sie ihre Vermutungen aus. Was mag es bedeuten, dass die Herzen leer sind? Oder bergen sie ein Geheimnis? Tragen sie etwas Schweres oder sehr Tiefes? Warten sie auf etwas? Sind sie voll Unruhe oder still?

Von Gottes Weisungen hören, die leben helfen (Ex 19, 20 – 20, 21)

❍ Aus einer Kinder- oder aus der Schulbibel wird der entsprechende Text in Auszügen gelesen oder in Anlehnung an die Einheitsübersetzung erzählt.

❍ Die große Kerze wird angezündet und ins „Feuer“ gestellt.

ERZÄHLVORSCHLAG

Jahwe weiß, dass der Weg in die Freiheit nicht leicht ist. Gott kennt die Zweifel und Fragen der Menschen. Gott sieht, dass Menschen nicht nur lieben und teilen können, sondern auch hassen und neiden. Auch Mose weiß darum. Er spürt, dass die Menschen Orientierung brauchen, um in Freiheit leben zu können. Er erkennt, dass ein Leben in Freiheit und Gemeinschaft Regeln braucht, damit es gelingen kann.
Gott ruft Mose in der Wüste Sinai. Er sagt: „Lass das Volk lagern am Fuß des Berges, denn dies ist heiliger Boden. Du aber steige hinauf und höre meine Worte. Dann sage sie den Menschen und lege sie ihnen ins Herz.“
Mose steigt auf den Berg und hört, was Gott spricht:
“Ich bin der Herr, dein Gott. Ich habe dich aus Ägypten heraus geführt, aus dem Sklavenhaus. Ich mache dich frei. Denke daran bei allem, was du tust. Dann wirst du keine anderen Götter neben mir haben und ihnen nachlaufen. Du wirst dich nicht größer machen wollen als ich es bin und meinen Namen nicht missbrauchen.
Weil du zu meinem Volk gehörst, wirst du mit den anderen zusammen den Sabbat feiern und ihn heilig halten!

Vater und Mutter wirst du ehren, weil ihr zusammen gehört, damit du lange lebst im Land der Freiheit, das ich dir gebe.
Achte und schütze das Leben, alles Leben; denn es kommt von mir, deinem Gott!
Gönne dem anderen, was ihm gehört. Nimm es ihm nicht fort.
Sei wahrhaftig in allem, was du redest, denkst und tust, dann wird dein Leben und euer Leben gelingen!"

Noch können die Hebräer die Worte Gottes nicht hören, aber sehen und spüren können sie, dass Jahwe ganz nahe ist. Blitz und Donner, Rauch und Beben erfüllen den Berg. Wie ein gewaltiges Feuer ahnen sie die Nähe Gottes. Dann steigt Mose herab vom Berg und legt ihnen die Worte Gottes ans Herz. Herzensworte sollen sie den Menschen werden. Sie sollen sie in ihren Herzen tragen und sie weitersagen.

Die Weisungen Gottes als Herzensworte erleben

❍ L entzündet ein Teelicht an der Kerze in der Mitte, tritt zu einem Kind und spricht z. B.: Ich schenke dir die Freiheit. Ich traue dir zu, dass du auch andere frei sein lässt.

❍ Gemeinsam überlegt die Gruppe im ruhigen Gespräch, welche Herzensworte Gottes formuliert werden könnten.

❍ In einer kurzen Stille spüren die Kinder ihren eigenen Herzensworten nach, die sie jemandem im Kreis sagen möchten.

❍ Nacheinander zünden die Gruppenmitglieder an der großen Kerze Teelichter an, bringen sie einem im Kreis und sprechen dazu ihr Herzenswort.

Einige Kindersätze seien hier genannt:

- Ich bin bei dir, wenn du traurig bist. Deshalb wirst auch du trösten, wenn jemand weint.
- Ich gebe dir zu essen. Darum traue ich dir zu, dass auch du teilen wirst.
- Ich zeige dir den Weg. Ich vertraue darauf, dass du deinen Weg findest.
- Ich habe dich lieb. Deshalb wirst auch du zu anderen gut sein.
- Ich mag dich sogar, wenn du böse bist. Darum wirst auch du anderen verzeihen.
- Ich bin bei dir, wenn du einsam bist. Du wirst auch andere nicht allein lassen.
- Ich schenke dir frisches Wasser. Du sollst das Leben in dir finden.
- Ich bin gut zu dir. Ich wünsche mir, dass du mich von Herzen liebst.

❍ Dies muss in einer einfühlsamen Atmosphäre geschehen. Möchte ein Kind nicht sprechen, kann es in Stille sein Licht schenken. Das empfangende Kind stellt sein Licht im Seilherzen ab.

Die Erfahrung vertiefen

❍ Größere Kinder reflektieren im Austausch, was sie erlebt haben. Sie können ihr Herzenswort auf eine Schmuckkarte schreiben und ins Herz legen.

❍ Im individuellen Schmücken des Teelichtes bzw. des Herzens (mit gelben, orangen oder roten Stäbchen, Perlen, Strahlen, Glassteinen, Filzformen o. ä.) vertieft sich im eigenständigen Tun der Eindruck des Erlebten in den Kindern.

❍ Das Gestalten und den Austausch können wir ausklingen lassen mit einem Liedruf, der mehrmals wiederholt und von den Kindern in Bewegung umgesetzt wird. Folgende Gesten dienen als Vorschlag:

Text und Melodie: U. Viehbeck, Ch. Rudolfer

Gott, dein Wort, das lebt in mir.	Hände geweitet nach oben führen;
Mein Herz ist offen.	Hände langsam senken;
Ich danke dir.	Hände mit leichter Verneigung vor der Brust kreuzen.

❍ In einer Fortführung dieser Einheit erhalten Schulkinder ein Schmuckblatt, auf dem die Fassung der 10 Gebote im biblisch überlieferten Text aufgeschrieben wird. Eine Einbindung in den weiteren Unterricht ist leicht möglich.

DAS LAND VOLL MILCH UND HONIG

ÜBERLEGUNGEN

In den vorausgegangenen biblischen Erzählungen haben wir gehört, was Mose und den Israeliten auf ihrem Weg ins gelobte Land widerfahren ist. Ein langer, beschwerlicher Weg wird uns vor Augen geführt, der wohl als innerer Prozess des Zweifelns und Vertrauens gesehen werden muss. Manchmal spüren sie Gott ganz nahe, manchmal fühlen sie sich von ihm verlassen. Manchmal können sie sich führen lassen und vertrauen, manchmal laufen sie anderen Göttern nach. Eine menschliche Grunderfahrung, die heutige Menschen ebenso kennen.
Mose führt sein Volk mit großem Vertrauen durch alle Prüfungen und Gefahren. Er fühlt sich mit Gott, der versprochen hat, immer da zu sein, zutiefst verbunden. Diese Verbundenheit ist ihm Heimat und Zuhause. Wer so wie Mose aus dem Gottvertrauen lebt, schaut anders auf das Leben. Er wird beschenkt mit einem weiten Blick und sieht das verheißene Land mitten im Leben. Er kann Erfüllung erfahren.
Kinder, die in ihrer Einzigartigkeit bedingungslos angenommen und begleitet werden, erfahren ein Stück erfülltes Leben, denn sie finden Raum, um sich frei zu entfalten, zu lachen, zu fragen, zu zweifeln, zu glauben. In ihnen kann die Zuversicht wachsen, dass sie auf ihrem Lebensweg dem ICH BIN DA vertrauen können. Wenn in Kindergarten und Schule auf dieser Basis erzogen wird, ahnen Kinder in ihrem konkreten Umfeld das verheißene Land, das nach Milch und Honig riecht.

Sowohl heilsgeschichtlich als auch in der katechetischen Praxis wird in dieser letzten Gestaltung der Bogen sichtbar, der sich vom Gebundensein in Ägypten über den Weg des Auszugs bis hin zum Erreichen des gelobten Landes spannt. Zeichenhaft wird dieser Bogen im wiederkehrenden Bild des Seiles sichtbar.

MATERIAL

Korb mit langem Seil; Legematerial, bunte Bänder, farbige Tücher; evtl. Papier und Farben; große Kerze, Heilige Schrift; Mosestab; einige Steine

ERLEBNISGESTALT

Sich über Wahrnehmen einfinden

❍ L weckt Vermutungen, Vorstellungen und Erinnerungen der Kinder zum Inhalt eines verdeckten Korbes durch:
  - Erspüren des Gewichtes
  - Rütteln des Korbes
  - mit der Hand hineintasten, etc.

❍ L zieht aus dem Korb ein Seilende und gibt es im Kreis weiter, bis alle Kinder daran einen Platz gefunden haben.

Einengung und Weite erleben

❍ Wir halten das Seil in der linken Hand und gehen im Uhrzeigersinn, evtl. begleitet von entsprechender Musik, in Spiralform zur Mitte. Als Musik eignet sich z. B. der Titel „Loslassen“ auf der CD „Erde und Himmel erblühen“ von Konrad Raischl, RPA-Verlag 2004.

❍ Die Gruppe geht eng zusammen und hält inne. Die Kinder spüren der Enge nach und bringen ihr Empfinden zur Sprache. Ist es wohltuend, so zusammen zu stehen? Gibt das Seil Halt? Ist es wie eine Fessel? Fühlst du dich eingeengt? Möchtest du die Situation verändern? Welchen Weg gibt es?

❍ Das Kind in der Mitte, an der Spitze des Seiles, wendet sich um und führt alle anderen heraus. Die Spirale weitet sich, der Blick geht nach außen. Wir halten nochmals inne und bringen zum Ausdruck, was sich verändert hat. Welche Gefühle herrschen jetzt vor?

Vom Land der Fülle träumen

❍ Das Seil wird am Boden abgelegt. In Handfassung verlassen wir, evtl. mit Augenschluss, den Weg des Seiles und setzen uns im Kreis am Boden ab. Wir nehmen unseren Platz bewusst wahr, schauen uns um.

❍ In einer Imaginationsübung werden wir uns der Weite bewusst, träumen von einem Land, in dem wir Raum haben zum Leben:

Ich spüre den Boden, der mich trägt.
Ich spüre meinen Atem, der kommt und geht.
Ich schließe die Augen und kann träumen.
Aus der Enge bin ich in die Weite gegangen.
Mein Blick war eingeschränkt und eng.
Jetzt habe ich Überblick, Weitblick.
Ich schaue in die Ferne. Ich sehe ein Land.
Es ist ein schönes Land. Es hat Platz zum Leben für mich.
Es ist ein Land der Fülle. Dort ist es gut.

Es ist das Land meiner Träume.
Ich komme näher. Ich schaue mich um.
Was sehe ich? Was zeigt sich mir?
– Stille –

- ❍ Aus frei gewähltem Legematerial, Tüchern und Bändern gestalten die Kinder selbsttätig und individuell ihr „Traumland" um die Spirale. Ist dies nicht möglich, malen sie auf große Papierbögen und legen diese im Rund aneinander wie ein Leporello.

- ❍ Größere Kinder können ihre Vorstellungen austauschen, aufschreiben und auf die aktuelle Situation übertragen.

Sich an Jahwes Versprechen erinnern: Ich bin da

- ❍ Angeregt durch das Lied „Wir haben einen Traum" (siehe S. 48) erinnert sich die Gruppe an die Sehnsucht des Volkes Israel nach Freiheit und Weite. Zwischen den Strophen können die Kinder ihr bisheriges Wissen und ihre Erfahrungen aus den letzten Einheiten wiederholen. Der Mosestab kann wieder als Redestab verwendet werden. Für schwere Zeiten können Steine auf den Spiralweg gelegt werden.

- ❍ L erinnert an Mose, der mit seinem Volk den Traum zur Erfüllung bringen will und an Jahwe, der treu zur Seite steht. Die große Kerze wird entzündet, der Name Jahwes in Erinnerung gerufen (siehe Lied S. 37 oder S. 38)

Die biblische Erzählung hören: Ins erfüllte Leben kommen (Dt 34, 1 – 9)

- ❍ Aus einer Kinder- oder aus der Schulbibel wird der entsprechende Text in Auszügen gelesen oder in Anlehnung an die Einheitsübersetzung erzählt.

ERZÄHLVORSCHLAG

Mose hat in all den Jahren der weiten Wanderung durch die Wüste nie aufgehört, die Menschen daran zu erinnern, dass Gott sie in ein Land führen will, in dem sie frei und glücklich leben können.
Mose nannte dieses Land das gelobte Land, in dem Milch und Honig fließen.
Er sprach zu den Menschen von einem Leben in Fülle: Jeder könnte dort finden, was er zum Leben braucht und sich von Herzen wünscht.
Gott hat dort für alle einen Platz vorgesehen, für die Männer und Frauen, die Väter, Mütter und Kinder, für die Jungen und die Alten.
Mose ist alt geworden. Manchmal zweifelt er: „Werde ich jemals das ver-

heißene Land sehen?" Heute spricht Gott noch einmal zu Mose. Jahwe sagt: „Steige auf den Berg Nebo. Ich will dir das Land zeigen, das ich dir verheißen habe!" Mose gehorcht. Er blickt um sich und staunt. Gott spricht weiter: „Das ist das Land, das ich Abraham, Isaak und Jakob versprochen habe mit dem Schwur: Deinen Nachkommen werde ich es geben. Ich habe es dich mit eigenen Augen schauen lassen."
Mose ist glücklich, er ist angekommen am Ziel.

❍ Mit Mose können wir singen:

Text und Melodie: Uli Härtter
Rechte beim Autor

Das Land ist fruchtbar und reich. Alle werden satt werden. Es ist erfüllt mit Leben. Gott hat sein Versprechen gehalten. Die Menschen sind frei. Sie dürfen Jahwe als ihren Gott verehren. Der ICH BIN DA hat sein Volk nie verlassen. Er hat es geführt durch Mose, seinen Knecht und Freund.
Die Sehnsucht nach Freiheit ist erfüllt. Jetzt kann ein anderer an die Stelle von Mose treten. Mose gibt den Segen Gottes an Josua weiter. Auch Josua wird Jahwe vertrauen und für die Menschen eintreten.

❍ Mit Josua und dem Volk Israel singen wir: „Alles was verloren scheint..."

Mose hat seine Aufgabe erfüllt. Er kann zur Ruhe kommen und sein Leben in Gottes Hand zurück geben.

❍ Der Stab wird im Land der Fülle abgelegt. Dazu wiederholen wir: „Alles, was verloren scheint..."

Gottes Segen empfangen und weitergeben

❍ L deutet zusammen mit den Kindern die gemachten Erfahrungen.
Bis heute erzählen wir uns die Geschichte Gottes mit Mose und dem Volk Israel. Wir erzählen von Gottes Zusage: „Ich bin da für euch durch alle Zeiten hindurch. Ich will euch in ein erfülltes Leben führen. Ich will euch segnen alle Zeit!"

❍ Mit einem getanzten Segenslied „Es segne dich der Herr!", lassen wir die Erzählung ausklingen.

Aufstellung
im Kreis paarweise gegenüber, Außenkreis und Innenkreis schauen sich an

Beschreibung

Vorspiel	stehen und einschwingen
Refrain:	
Es segne dich der Herr!	Außenkreis: Segensgeste über dem Partner
Es segne dich der Herr!	Innenkreis: Segensgeste über dem Partner
Wo du auch gehen magst oder steh'n:	Hände paarweise fassen und mit 8 Schritten miteinander drehen;
Er segne dich allezeit!	stehen am Platz.

Bei den Strophen 1–7 fassen wir in den Kreisen durch. Außenkreis und Innenkreis gehen jeweils beschwingt nach rechts, d. h. in entgegengesetzte Richtungen. Mit einem neuen Partner beginnt wieder der Refrain wie oben beschrieben. (aus: RPP 2004/1, Musik auf der CD „Erde und Himmel erblühen" von Konrad Raischl, RPA-Verlag 2004)